心智哲学视角下的会话含义研究

黄缅 著

中国社会科学出版社

图书在版编目(CIP)数据

心智哲学视角下的会话含义研究 / 黄缅著. —北京：中国社会科学出版社，2013.4（2017.4 重印）

ISBN 978 – 7 – 5161 – 2997 – 5

Ⅰ.①心… Ⅱ.①黄… Ⅲ.①会话 – 含义 – 研究 Ⅳ.①H09

中国版本图书馆 CIP 数据核字（2013）第 162770 号

出 版 人	赵剑英
责任编辑	任 明
责任校对	王佳玉
责任印制	李寡寡

出　　版	中国社会科学出版社
社　　址	北京鼓楼西大街甲 158 号
邮　　编	100720
网　　址	http://www.csspw.cn
发 行 部	010 – 84083685
门 市 部	010 – 84029450
经　　销	新华书店及其他书店

印刷装订	北京市兴怀印刷厂
版　　次	2013 年 4 月第 1 版
印　　次	2017 年 4 月第 2 次印刷

开　　本	880×1230　1/32
印　　张	6.25
插　　页	2
字　　数	201 千字
定　　价	48.00 元

凡购买中国社会科学出版社图书，如有质量问题请与本社营销中心联系调换
电话：010 – 84083683
版权所有　侵权必究

序

黄缅博士的《心智哲学视角下的会话含义研究》要出版付印了，要我写个"序"，我高兴地答应了，因为这是目前我国在心智哲学理论视域下进行语言研究较早拿出来的较厚的研究成果，这是难能可贵的。我向黄缅博士表示祝贺。

黄缅博士才思敏捷，思维开阔，把心智哲学的理论和观点引入语用研究中。这也许能为已经发展了半个世纪的语用学科带来一些新思路，为语用学研究注入一些新的学术资源。为了使会话含义的研究得到合理的扩展，她把原来归在修辞学的一些现象都囊括进来，把它们看作特殊含义现象，从而使它们获得新的解释，这也使会话含义获得了新的诠释，这可能是语用学研究可供考虑的一种新思路。这样的考虑如何，有待各位学者给予指正。

我们"心智哲学与语言研究"研究团队开始进行研究是在2010年，现在已进入第四个年头。心智哲学形而上的理论，深奥而繁杂。但是，我们不是进行哲学研究，只是要从中选取一些合适的理论用以指导语言研究；为此，我们定下了"择其善者而从之，择其易者而用之"的原则，开始的一两年主要是选用了意向性、心物随附性、感受质等的理论。近二三十年，国内外心智哲学家以及认知科学家、心理学家对意识问题进行了更为深入的研究，有些研究还采用了神经电生理技术，如功能磁共振成像（FMRI）、事件关系电位（ERP）检测的高科技实验手段，取得了丰硕的成果，得到了这样的认识：想要深入全面地认识人类的心智，就必须认真研究人类的意识现象。在这样的研究背景下，近来我们为心智哲学与语言研究总结了五个观念：计算观、意识观、意向观、涌现观、拓扑观。就我个人来说，进行心智哲学视域下的语言研究，是我七十多岁之后才开始的，是我的一次"衰年变法"。我已年老体衰。要使研究深入下去，要有一些像黄缅博士这样年富力强、思维开阔、勇于创新的中青年学者。

黄缅博士呈献给读者的这一成果，可能由于成书时间比较匆忙，略有疏漏，意向性、心物随附性、感受质等的概念，在好几处零散地用到，还来不及整合；对有些语言现象如"幂姆"如何用心智哲学理论进行分析，还可以再做一些思考，等等。这些只是小瑕疵，瑕不掩瑜。

徐盛桓

2013 年 4 月 4 日

时年七十有五于开封

内容摘要

对"合作原则"及由此产生的会话含义的争论近半个世纪以来在国内外从未间断。它是个哲学论题,却与语用学作为一门独立学科的建立、发展和现状息息相关。心智哲学目前在语言学的研究中表现出了强大的生命力,它为会话含义以及语用学的研究拓展了又一新领域。

本文在心智哲学的理论框架内解释会话含义产生过程涉及的交际者的认知机制和心智活动。感受质是会话含义产生的心智基础,外界事物的物理属性在认知状态中的心理属性是以感受质结构的形式存在的。语言作为刺激物会激发起人对语言所指称的客观事物的感受质,成为会话含义产生的基础,在一定的语境下,以意向性为"指向",选择与语境匹配的感受质结构中的信息,产生会话含义。会话含义的可撤销性和不确定性是由于心理属性随附于物理属性。

关键词:心智哲学;会话含义;感受质;随附性

Abstract

Conversational implicature has long been a research topic in the field of pragmatics. Although conversational implicature is a philosophical issue, it is closely related to establishment and development of pragmatics as an independent discipline. Recent years, philosophy of mind shows strong vitality in the linguistic studies, which has broadened the research scope of conversational implicature and pragmatics.

This article attempts to explain that conversational implicature arises from the communicator's cognitive mechanism and mental activities. Conversational implicature is based on qualia. Human perception of physical properties of entities is stored in brain as mental properties in the form of qualia structure. Linguistic symbols as stimulus can motivate the qualia structure of entities referred to by these linguistic symbols. Within the qualia structure, intentionality serves as the pointer to point to the information compatible with context. Consequently, conversational implicature arises. Defeasibility and indeterminacy result from the supervenience of mental properties on physical properties.

Keywords: philosophy of mind; conversational implicature; qualia; supervenience

目 录

第一章 绪论 …………………………………………… (1)
第一节 本书选题背景 ………………………………… (1)
第二节 国内外研究现状综述 ………………………… (2)
    一 会话含义的特点与分类的概括 ………………… (2)
    二 会话含义的推导 ………………………………… (3)
    三 会话含义的哲学溯源 …………………………… (4)
第三节 心智哲学与语用研究 ………………………… (5)
    一 基于心智哲学的语用研究的两项假设 ………… (5)
    二 心智哲学与语言研究方法论问题 ……………… (7)
第四节 本书框架结构 ………………………………… (8)

第二章 会话含义的心智基础 ………………………… (10)
第一节 引言 …………………………………………… (10)
第二节 思维中的语言使用和交际中的语言使用 …… (12)
    一 思维中的语言使用 ……………………………… (12)
    二 交际中的语言使用 ……………………………… (13)
第三节 思维语言假设与会话含义 …………………… (14)
    一 合作和理性 ……………………………………… (14)
    二 理性的心智基础 ………………………………… (16)
第四节 一般会话含义与特殊会话含义 ……………… (17)

第三章　心智哲学与语言研究 (21)
第一节　语言：认知科学、认知语言学、心智哲学的交会点 (21)
一　语言与认知科学 (21)
二　认知科学与心智哲学 (22)
第二节　心智哲学中的感受质 (23)

第四章　心智哲学与常规关系 (27)
第一节　常规关系研究的源起 (27)
第二节　对常规关系认识的深化 (29)
第三节　常规关系的分类 (33)
第四节　意向性与常规关系 (35)
一　意向性 (35)
二　相邻/相似与意向性 (39)
三　意图和意向性 (41)

第五章　心智哲学对谐音仿拟研究的启示 (48)
第一节　谐音仿拟的定义 (48)
第二节　谐音仿拟生成假设 (52)
第三节　谐音仿拟的分类 (53)
第四节　谐音仿拟的认知机制 (55)
第五节　通感 (57)
第六节　感受质与意向性 (60)
一　感受质 (60)
二　意向性 (65)

第六章　心智哲学与幂姆 (67)
第一节　幂姆的定义 (67)
第二节　语篇与幂姆 (70)
第三节　幂姆的四种类型 (77)
第四节　幂姆与随附性 (81)

第七章 心智哲学视角下的隐喻研究 (88)
第一节 科学语言与隐喻 (88)
第二节 科学语言:隐喻的可能和必要 (90)
第三节 隐喻表达:客观主观因素 (92)
第四节 科学语言与隐喻思维 (97)
第五节 隐喻与哲学 (100)
第六节 隐喻与心智 (102)

第八章 反语的心智哲学解读 (107)
第一节 引言 (107)
第二节 反语的心理属性 (109)
 一 意向性 (109)
 二 反语的意向性 (110)
第三节 反语的物理属性 (112)
 一 感受质与感受质结构 (112)
 二 反语与感受质结构 (113)
第四节 反语的心理属性与物理属性的关系 (114)
第五节 心智哲学视角下反语的工作机制 (117)
 一 正话反说 (117)
 二 反话正说 (120)
 三 结语 (121)

第九章 心智哲学视角下的成语研究 (123)
第一节 前言 (123)
第二节 成语与感受质 (126)
 一 感受质 (126)
 二 成语喻义产生的理据 (128)
第三节 成语与随附性 (129)
 一 意向性 (129)
 二 随附性 (130)

第四节 小结 …………………………………………… (131)
第十章 心智哲学视角下的一般会话含义 …………… (133)
　第一节 引言 …………………………………………… (133)
　第二节 感受质结构——信息量含义的生成理据 …… (135)
　　一 感受质与感受质结构 ……………………………… (136)
　　二 感受质结构与信息量含义的生成 ………………… (136)
　第三节 基于感受质结构的信息含义的生成机制 …… (137)
　　一 信息量含义推理 …………………………………… (137)
　　二 信息含义的运行机制分析 ………………………… (138)
第十一章 心智哲学视角下的会话含义的不确定性 … (143)
　第一节 引言 …………………………………………… (143)
　第二节 会话含义的心理属性 ………………………… (146)
　第三节 随附性与会话含义的不确定性 ……………… (150)
　　一 随附性与特殊会话含义 …………………………… (150)
　　二 随附性与一般会话含义 …………………………… (154)
第十二章 全文结论 …………………………………… (157)
参考文献 ……………………………………………… (161)
后记 …………………………………………………… (185)

第一章

绪 论

第一节 本书选题背景

会话含义的研究由来已久，在语言研究中具有转折点的意义，因为它标志着对人类使用语言的研究，从专注语言符号本身引入了意识参与的成分。本文从心智哲学的视角研究会话含义，是为了回归 Grice 原本的哲学关怀的轨迹，在心智哲学的新视角下，探索语用学与心智哲学之间的关联、语言与思维的关联，为今后的语用学研究提供启示。因此，本研究具有紧迫的现实意义。存在说话人表达会话含义这种"意在言外"的现象是因为存在思维到言语的矛盾的辩证运动过程。思维和语言之间存在的一个思维的无限生成性和语言规则系统的有限性之间的矛盾，导致语言在赋予思维所寻找的一种表达方式的同时也约束了思维，而思维在寻找其充分的表达时，也在不断创造新的语言表达。本研究首次从心智哲学的视角重新辨析会话含义的生成因由，阐明心智哲学与会话含义的内在关联性。

探讨会话含义生成背后的说话人的思维从一个模糊的、整体的、意向性的意义到交际意图到最终获得外部言语的清晰语言形式经历的这个矛盾的辩证运动过程，这一过程贯穿着语言本身的真值意义：如何限制话语潜在的会话含义范围和人在一特定语境如何利用话语的会话含义的问题。从心智哲学的视角研究会话含义还是一个新兴的领域，国内外已有的相关研究还比较少，所以可以借鉴和参考的资料比较有限。

第二节 国内外研究现状综述

一 会话含义的特点与分类的概括

Grice 认为会话含义具有五大特点，可取消性、不可分离性、可推导性、非规约性、不确定性。① 他还在非自然含义的框架下，建立了一个比较完整的含义系统，明确提出了"语境"的分类标准，将会话含义区分为"一般和特殊""规约和非规约""会话与非会话"等对立概念，特殊会话含义包括各种辞格，如反语、隐喻、双关、拈连、谐音仿拟等。Levinson 在 Grice 的基础上补充了一条分类标准——是否遵守了合作原则，从而澄清了 Grice 对"原则"与"语境"两类分类标准的模糊认知，将会话含义分为标准含义、非标准含义、一般含义和特殊含义。② 我国学者徐盛桓将会话含义简化为三类，即含义性语用句意、一般含义和特殊含义。③ 姜望琪根据"原则"和"语境"将会话含义划分为一般含义、特殊含义、标准含义和非标准含义。④

---

① Grice, H. P.: *Logic and Conversation*, In Cole, P., and Morgan, J. (eds.). Syntax and Semantics 3: Speech Acts. New York: Academic Press, 1975, pp. 41–58.
② Levinson, S. C.: *Pragmatics*, Beijing: Foreign Languages Teaching and Researching Press, 2001.
③ 徐盛桓：《Grice 会话含义理解和语用推理》，《外国语》1993 年第 1 期，第 7—14 页。
④ 姜望琪：《语用学：理论及应用》，北京大学出版社 2000 年版。

二 会话含义的推导

Grice 认为交际者通过刻意地违反或利用合作原则以及下属的四个准则——质准则、量准则、关系准则和方式准则来推导会话含义。[1] Horn 将 Grice 的所有准则（质准则除外）概括为量准则和关系准则，对合作原则中的准则尤其是量准则进行了更加精细化的形式化分析。[2] Levinson 将合作原则概括为量原则、信息原则和方式原则，形成了"霍恩等级关系"，运用了这种推导模式，加强了合作原则的解释力和推导力，从而建立起了新格赖斯会话含义理论。[3] Sperber 和 Wilson 从认知角度思考，提出关联理论，可视作对合作原则中关联准则的发展。[4] Leech 为了弥补合作原则的理论局限和解释力的不足，建构了礼貌原则来进行补充。[5] 我国学者索振羽摒弃了合作原则，重新建立了一条得体原则。[6] 周礼全针对合作原则的不足，将合作原则的准则扩充为真诚准则、充分准则、相关准则、表达准则、态度准则。[7] 徐盛桓尝试从认知的视角建立了基于心理模型的语用推理，构建了会话含义推理过程的形式系统，使推理过程程序化。[8]

---

[1] Grice, H. P.: *Logic and Conversation*, In Cole, P., and Morgan, J. (eds.). Syntax and Semantics 3: Speech Acts. New York: Academic Press, 1975, pp. 41–58.

[2] Horn, L. R.: *Towards a New Taxonomy for Pragmatic Inference: Q-based and R-based Implicature*, In Schiffrin, D. (ed.) 1984. *Meaning, Form, and Use in Context: Linguistic Applications*. Washington, D. C.: Georgetown University Press, 1984, pp. 11–42.

[3] Levinson, S. C.: *Pragmatics*, Beijing: Foreign Languages Teaching and Researching Press, 2001.

[4] Sperber, Dan and Deirdre Wilson: *Relevance Communication and Cognition*, Beijing: Foreign Language Teaching and Research Press, 2001.

[5] Leech, G.: *Pinciple of Pragamtics.* London and New York: Longman, 1983.

[6] 索振羽：《语用学教程》，北京大学出版社 2000 年版。

[7] 周礼全：《逻辑——正确思维和有效交际的理论》，人民出版社 1994 年版。

[8] 徐盛桓：《语用推理的认知研究》，《中国外语》2005 年第 5 期，第 10—16 页。

三 会话含义的哲学溯源

Carston 提出 Grice 研究会话含义的初衷就是为了质疑句子真值意义论。① Neal 指出 Grice 会话含义理论汲取了维特根斯坦后期思想,批判了人工派研究语言从研究句子的真假出发的主张。② 我国学者冯光武提出 Grice 意义理论以人的理性本质为基础,对语言哲学的影响极深。③ 姜孟认为 Grice 确实是从反对与弗雷格真值思想一脉相承的人工学派的"真值意义论"的立场上,汲取了日常学派关于"语言的意义在于用法"的思想,才创立了会话含义理论。④ 殷杰指出会话含义理论是将语言哲学关注的中心从"意义"转到了"含义"。⑤

综上所述,尽管国内外对会话含义的研究及相关成果已有不少,但研究还存在较大的不足。主要表现在:(1)已有的研究绝大部分是以听话人为取向的,强调的是听话人对意义的推导,未能充分剖析说话人意义;(2)大部分的现有研究,遵循的还是"从语言中来到语言中去"的研究路向,缺少对认知主体的心理状态和心理过程进行本质性的探索和追问。正是基于这一认识,本书尝试以说话人意义为切入点,用心智哲学的相关理论剖析说话人表达会话含义所涉及的思维生成到言语表达的复杂过程,试图在这一新领域有所发现。

---

① Carston, R.: *Truth-conditional Content and Conversational Implicature*. In: C. Bianchi (ed.), The Semantics / Pragmatics Distinction. CSLI Publications, 2004.

② Neale, S.: *Paul Grice and the Philosophy of Language.* Linguistics and Philosophy, No. 15, 1992, pp. 509–559.

③ 冯光武:《理性才是主旋律——论 Grice 意义理论背后的哲学关怀》,《外语学刊》2006 年第 4 期,第 6—11 页。

④ 姜孟:《Frege 与语用学四大奠基理论——语用学的语言分析哲学渊源探究》,《西安外国语学院学报》2005 年第 2 期,第 1—4 页。

⑤ 殷杰:《美国哲学传统中的语用思维》,《科学技术与辩证法》2004 年第 4 期,第 33—37 页。

第三节 心智哲学与语用研究

Grice 的会话含义理论中所解释的句子意义和话语意义不能反映出说话人的心智活动。要了解说话人的心智活动需要去研究说话人意义。以往的大多数研究都将语用学定义为交际的研究，认为语用学应该研究交际对人类行为的影响，因为所有交际情景中的行为都有信息价值，所以语用学的一般理论都是关于交际行为的。

单靠行为主义是很难解释语言交际方式的。这是因为语言交际涉及意义以及意图、信念等的复杂互动，例如理解语言就需要的心理建构。语言的使用也需要各种非交际的行为，也就是说需要各种心智行为，如判断、推理、记忆等。这些行为不应该被排斥在语用学之外，而且研究这些行为在语言使用中的作用对于了解语言在交际中的作用是必要的，因为交际与交际中说话人的心理活动有关。正如语用学需要从社会学角度研究交际一样，语用学必须要研究这些心理活动。语言是交际的工具，也是我们的思维工具，语言和非语言的符号在我们的心智活动中有重要的作用。

一 基于心智哲学的语用研究的两项假设

语用学中的一些重要术语，如说话人意义、话语意义和理解等都是交际术语。我们想要换个思路，不把语言的使用者看作是说话人或是听话人，而是将他们都看作是独立的思考者。要解释"思考者意义"是什么，就需要研究心智活动。第一个假设是把思考建构为与自己交际，因此就可以把说话人和听话人等同为同一个人。语言使用的心理活动就可以看作是个人把自我的各个部分感知为独立的实体，跨越强大的心理障碍与他人进行交际。但是这样的心理活动是特殊的心理过程，把自我进行心理分析分解为不同的部分，显然不适合解释语言的使用。交际这个概念是不能扩展到自我交际的，因为这样交际就失去了最重要的内涵。

另外一个假设是思维语言假设，思维语言是以计算过程为特征的人的高级认知过程产生的内在表征媒介。[①] 这样的媒介不能等同于任何公共语言，必须是内在的，思维语言是我们学习任何公共语言的基础。心理语用学可以被看作是思维语言的语用学。思维语言概念是从功能的角度来定义的，意义即使用。

在 Fodor 功能主义的框架下，心理状态必须要适用于思维语言的成分，思维语言是心理表征，只能用功能主义来说明。[②] 根据 Fordor 的模型，语言表达式的意义可以用思维语言来解释。研究语言的使用要解释语言使用者在使用语言的过程中的信念。心智哲学在这方面显示出了解释力，心智哲学里的一些重要概念如随附性、感受质等可以用来分析意义，解释语言交际过程中人的信念和欲望。语言的使用是建立在信念、欲望、意图等心理直觉之上的。心智哲学与语用学的关系表现在该领域的很多重要论点都涉及语言学上的证据。语言不仅提供了对心理活动的描述，而且对心理活动的构成也有很重要的作用。Carnap 把语用学的主要任务看作是分析信念。[③] 即使那些持相反观点的学者也不得不承认即使信念不是由语言构成的，但在心理活动的运作过程中必须使用语言。尽管心智哲学的研究课题主要是如心—身问题这样的本体论问题，但分析命题态度和其他心理状态也是心智哲学家们感兴趣的研究内容。语用学领域内研究语言使用的心智活动的分支构成了语言理论和心智哲学的界面。

---

① Fordor, J.: *The Language of Thought*, Cambridge, MA: The MIT Press, 1975.
② Fordor, J.: The Mind-body Problem, *Scientific American*, January 1981.
③ Carnap, R.: *An Introduction to the Philosophy of Science*, New York: Harper Torchbooks, 1974.

二 心智哲学与语言研究方法论问题

心智哲学本来是一个交叉领域，涉及心理学、神经科学、认知科学、人工智能、计算机科学等学科，研究的是人的心智是什么、心智的工作机制是怎样的。在心智哲学视角下研究语言，就是研究心智和语言的关系。在心智哲学的理论框架之内解释语言现象，要化心智哲学为研究语言的方法，以语言研究为起点，分析语言使用中的心智活动，再回到语言中去。在心智哲学的学术资源中，选取适合于研究语言的内容，搭建理论框架来说明、解释语言使用中的心理活动，理论联系实际。徐盛桓提出从心智哲学研究语言的两个思路：一是在理论和实践关系的处理上要把语言研究放到心智哲学的理论框架中建立计算和表征的理论模型，始终不离开语言实际，不离开心智哲学的理论指导；二是在现实存在和虚拟存在关系的处理上要两者兼顾。[1]

从心智哲学的角度精细地描写英汉日常语言中说话人表达会话含义所隐含的思维生成到言语表达过程，及其中介——思维到言语的矛盾辩证运动，弄清楚说话人的大脑和大脑的生理机制是如何通过意向功能与世界取得联系的，最终揭示语言与思维的关系。提出这个思路的基本前提是，人的思维活动是从表达某种意向性（intentionality）的意义开始的，意向是大脑的生理活动表现出来的一种特性，而任何意义的表达都以人身体的活动图式、心理意象或言语来呈现；而无论是身体的活动图式、意象还是言语都以一个脑—身体的统一系统的内在神经过程为中介（梅洛-庞蒂，2005；Lakoff & Johnson，1999）。[2] 正如维果茨基所言："正因为存在从思维到言语的矛盾的辩证运动，因此也始终存在

---

[1] 徐盛桓：《从心智到语言——心智哲学与语言研究的方法论问题》，《当代外语研究》2012年第4期，第6—10页。

[2] 梅洛-庞蒂：《行为的结构》，杨大春、张尧均译，商务印书馆2005年版。

'言不达意'、'意在言外'等等'思维不可表达性的悲哀'。"①

根据 Searle、戴维森等人提出的心智哲学理论，以会话含义已有的研究成果为知识背景，以说话人为中心，以思维到言语的矛盾的辩证运动为焦点，具体分析英汉语中说话人表达会话含义情况，解析会话含义现象背后语言与思维的关系。例如，说话人可以用不同的话语来表达同一命题：（觉得热）我（我为指称，觉得热为表述），在不同的语境下有不同的会话含义。也许可以这样来初步假设，语言表达可能先来自对表示"热"的个人感受质，然后这样的感受呈现为意象，意象经过定向和简化，成为由行为者及其行为所构成的表征行为主体及其行为的"主谓意义"内容，最后由内容抽象为概念，并由自然语言的概念和语言句式来承载，成为语言表征。这些是大脑神经元活动的结果，它起始于要进行交流的动机和意向如说话人想要"开窗""开空调""脱外套"等，经历了思维到言语生成过程的三个阶段，而思维到言语的矛盾辩证运动使得这一过程成为动态的选择过程，说话人 S 无论在何种情况下想通过话语表达或与他人交流会话含义 X，那么他总是可以找到表达式 E，这个表达式能准确地表达 X。

第四节　本书框架结构

本书共分为十二章，第一章为绪论，介绍本书的研究背景、研究意义、研究内容、研究目的等。在进行文献综述的基础上探讨了心智哲学与语言研究的关系，并探讨了心智哲学视角下进行

---

① Lakoff, G. and Johnson, *Philosophy in the Flesh: The Embodied Mind and Its Challenge to Western Thought*, Chicago: University of Chicago Press, 1999.

会话含义研究的方法。第二章根据思维语言假设，提出会话含义产生的心智基础。第三章探讨心智哲学与语言研究的关系，语言研究要从心智哲学中择其善者而从之。第四章是心智哲学与常规关系。第五章至第九章是从心智哲学的视角研究特殊会话含义。为了使会话含义的研究得到合理扩展，把原来归在修辞学的一些现象都囊括进来。第十章从感受质的视角出发，对一般会话含义（信息量含义）形成过程中所涉及的心智活动进行描述，尝试用感受质结构来揭示信息量含义产生的动因。第十一章研究心智哲学视角下的会话含义的不确定性。会话含义的认知基础是感受质，会话含义的产生于随附性。第十二章是全文的结论。

第二章

会话含义的心智基础

第一节 引言

根据会话含义理论，语境中命题 p 可以传达多于 p 的意义。假设某个人在家里说"每个罐子都是空的"，毫无疑问，说话人的意义是家里的每个罐子都是空的，而不是这个世界上的所有的罐子都是空的。Stanley 和 Szab'o（2000：252）认为这种现象应该用语义策略来解释。句子的逻辑形式包括一个变量，该变量的值随着语境的变化而变化。而语用策略能为上例提供更好的解释，因为在客观现实中不可能世界上的罐子都是空的，所以上例的字面意义为假命题。[①] 根据 Grice 的会话含义理论，在一定的语境中，该句子是假，因此违反了质量准则。如果我们要假定说话人是合作的，那么说话人想要表达的是清楚的真命题。在上面的语境中，显而易见的说得通的解释是家里的每个罐子都是空的。Grice 的这个解释是根据会话原则得出的：（1）假定说话人是合作的，并遵守会话原则；（2）假设说话人认为需要 p 来使他的话语与会话原

---

① Stanley, Jason and Zolt'an Gendler Szab'o, *On Quantities and Domain Restriction*; *Mind and Language*, No. 15, 2000, pp. 219–261.

则保持一致；(3) 说话人认为听话人能够理解 (2) 为真，且说话人认为 (2) 为真。①

将会话含义机制运用到如上例中量词的辖域限制，我们发现相同的含义可以在会话外生成。说话人对自己说出和对听话人说出"每个罐子都是空的"的含义是完全一样的。尽管有这样的相似性，解释却不一样。在自言自语的情况中，说话人没有参与到会话中，因此不应受到会话原则的限制。这就使 Grice 的会话含义理论值得怀疑，因为语言现象看起来是一样的，但解释却根据情况的不同而有所不同。

根据 Grice 会话原则，说话人对听话人说出"每个罐子都是空的"这样表达受限制的命题是"家里的每个罐子都是空的"。这是因为说话人想到听话人能够理解说话人的信念如此，并且希望听话人能够知道他的话语遵守了会话准则（会话含义定义的第三条）。但是我们不能用同样的方式来解释说话人对自己说同样的话的情况。即使可以假设说话人自己同时又是听话人，说话人认为自己能推导出自己相信需要这样的假设才能使自己的话语与会话原则一致，进而说话人知道自己能推导出自己是这样想的吗？即使说话人在当时的情况下有这些奇怪的信念，说话人需要这些信念在思维中使用"每个罐子都是空的"来表达家里的每个罐子都是空的却几乎不可能。所以，假设自言自语是一种会话的种类是说不通的。

在思维中使用语言和在交际中使用语言都存在量词的现象，Grice 的会话含义理论不能解释思维语言中量词辖域限制的例子。但思维中使用的语言和交际中使用的语言现象是一样的，因此需要一个统一的解释。

---

① Grice, H. P., *Studies in the Way of Word*, Cambridge：Harvard University Press, 1989，p. 37.

第二节 思维中的语言使用和交际中的语言使用

一 思维中的语言使用

说话人意义可以通过两种方式来表达,包括思维中的语言使用和交际中的语言使用。会话原则的作用是解释会话含义产生的,说话人能够通过使用思维中的句子来表达说话人意义或者是会话含义能被用来解释说话人意义。

会话含义可以用来解释说话人如何通过他们的话语表达意义。说话人能通过各种不同的方式来表达 p。一种方式是说话人直白地说出 p,另外一种方式是说话人运用会话含义来表达 p。使用会话含义来解释量词辖域限制的情况时,假设说话人常常用所有的 A 是 B 这样的句子形式来表达所有是 B 的 A 也是 C 的句子形式的字面意义。该例子表明说话人通过使用思维中不受限制的量化句能够标准地表达受限制的命题(如"家里的每个罐子都是空的")。我们提出下面的原则来检验什么时候说话人的意义能被解释为会话含义。只有当 S 不能被说话人在思维语言中表达 p,只能在会话中来表达 p 时,这种语言现象就被解释为会话含义。

任何对语言现象的解释都要检验其普遍性,那就是看它是否能解释所有的或者是几乎所有的化句的情况。如在我们上例中的命题"家里的每个罐子都是空的",表明说话人通过使用思维中不受限制的量化句能够标准地表达受限制的命题(像"家里的每个瓶子都是空的")。会话含义不应该用来解释说话人如何用过话语来表示事物,而应该是他们如何试着交际、表达意义给听话人。尽管说话人能通过思维中的句子来表征事物,但说话人不能使用思维中的句子来向听话人表达事物。

在交际中可以以言行事，因此有些言语行为可以使用思维中的语言来完成。通过使用思维中的句子，说话人能作出判断或是思考某一思想。交际中特定的断言命题态度和交际之间的关系，有时可以等同于思维中特定的断言命题态度和思维之间的关系。假设某个句子 S（或某类句子）和命题 p（或某类命题 p），在会话中说出 S 会典型地被认为是 p 的断言，而在思维中使用 S 会典型地被认为是对内容 p 的判断，如上例。

二 交际中的语言使用

如果为一个申请读哲学研究生的学生写推荐信只写一句话"该学生的书法很好"，这只是表达一种"该生不是个非常好的候选人"的命题。但如果现在考虑在思维中使用该句子，一个说话人能对自己说"该生书法非常好"来判断"该生不是一个非常好的哲学研究生候选人"的判断吗？使用"该生书法很好"本身不能成为作出判断的方式。除了人们真正对该生的书法感兴趣的情况。

比较而言，在"每个罐子都是空的"那样的例子里，我们在交际中使用的语言和思维中使用的语言是等同的。句子能在会话里表达一定的命题，而且能被用在思想里来思考同样的命题。但是在"该生的书法很好"的例子中，这种等同性就缺乏了。为什么在某些句子和命题的配对中，在交际中使用句子来表达命题和在思维中使用句子来判断命题有一一对应之处，而在其他的情况下却不是这样？

"该生的书法很好"只能在相关的语境中通过会话原则来推导出"该生不是个很好的研究生候选人"。交际原则是指句子 S 能用在会话中来交际（传达、断言），p 能被解释为会话含义只有当 S 不能被说话人用在思维中来判断 p。会话含义解释的不是说话人的话语能表达什么意思，而是说话人通过他们的话语能向听话人表达什么意思。因此交际意义指的就是说话人能向听话人表达的意思。

第三节　思维语言假设与会话含义

以前的语用学研究都依赖合作原则来解释说话人如何能表达多于字面意义的意义。尽管会话含义的理论在语言哲学领域占统治地位，但其原理应用于计算机却失败了，因此没能在人工智能的对话系统中使用。此外，Grice也没有讲清楚说话人违反合作原则是如何对含义进行推理的。会话含义应该建立在理性的概念之上，这是因为说话人是作为理性的主体来达到他们的会话目的。以前的对话理解都假设会话是合作的，所以参与人都说真话，提供足够的信息，不会啰唆、不着边际和模糊不清。说话人之所以会遵循会话准则，深层次的原因是他们都是理性的主体，尽可能地使用最优化方案达到目的。当说话人意识到说出的话语并不是最优化方案，那么说话人肯定有表达会话含义的意图。我们要理解这些含义就需要理解为什么选择用会话含义来交际而不是明示交际。

一　合作和理性

Grice认为会话含义的产生是由于在语言使用中有一系列的假设。Grice发现了合作原则，语言使用者只提供需要的信息，在适当的时候提供，满足一定的目的或是按一定的谈话方向进行。Grice还提出了四个准则：质量准则、数量准则、关系准则和方式准则。Grice的立场是在听话人认识到说话人对准则的违反后，推断说话人含义来解释为什么说话人没有遵守会话准则。

例如，Reiter和Dale认为任何合理的自然语言生成体系要遵循准则。① 任何设计的自然语言生成体系只能生成真实的话语,满足所有和一系列的交际目的,并以与该体系相关和清楚的方式表达。但是,合作原则的另一个目的是解释当话语违反原则时如何引起了会话含义。实际上,Grice 准则没有解释在处理含义方面如何计算。合作原则对建立对话理解系统没有用处,最明显的问题是准则不能应用于电脑。会话含义的产生是建立在理性的基础上,说话人之所以要用会话含义来达到交际目的是因为这是理性的主体所能运用的最优方案(optimal plan)。

理性是如何建立在大脑思维的基础上的呢?可以用 Jerry Fodor 的思维语言假设来解释。② 理性思维首先是语言符号词例的因果序列的表征(物质和能量的模式)在大脑里实现。理性思维因此可以被描述为一个物理过程,也可以被描述为计算和语义过程。人类的心理过程包括内在符号的体系,由中央处理单元来操作。感觉状态作为对体系的输入,提供处理的数据,运动操作作为输出,这种经典理论是人工智能领域的范式。

理性主体选择的最优方案具有正确性、相关性和效率性的特点。正确性指需要依靠正确的命题执行所有行动方案。就主体来讲,所选择的计划要建立在主体相信的真实命题基础上。相关性指的是方案作为一个整体能达到完整的一系列目的。相关性标准要求主体能达到所能达到的最多目的。效率标准指的是主体选择的方案能以最少的时间、精力和资源的成本来达到最大的目的。理性主体喜欢的方案是花费最少时间、精力和资源的方案。在这三个标准之间相互作用,正确的方案需要具体实施,但额外解释增加了时间和精力成本,因此和效率标准相冲突。含义推断基础

---

① Reiter, Ehud and Robert Dale, *Building Natural Language Generation Systems*, Beijing: Beijing University Press, 2010, p. 42.

② Fodor, J., *The Elm and the Expert: Mentalese and its Semantics*, Boston: The MIT Press, 1994, p. 82.

是相关性、效率、正确性之间的相互作用。会话含义的产生不是依赖于合作原则，而是建立在理性的基础之上，是说话人想要将话语的效率最大化。

二 理性的心智基础

思维语言假设将心智看作符号处理器。正如 Fodor 所强调的思维语言是受到了 Alan Turing 的启发，他把计算定义为根据算术对没有阐释的语言符号进行形式操作。① Pinker 认为心智是一个计算过程，涉及在语义上可解释的一系列符号的操作，这些符号是根据算术来处理的。②

（1）认知过程在于大脑内在表征的词例的因果序列。

（2）这些内在表征结合了句法和语义，符号操作保留了思维的语义属性。

（3）内在表征的心理操作涉及因果关系对符号的句法结构敏感。

Fodor 和 Pylyshyn 提出心智的计算理论如下：物质的排列有表征和因果的属性，也就是说它们同时带有事物的信息，参与到了一系列物理事件之中。③ 我们已经注意到按现在的观点来讲，理性思维是语言符号词例的因果序列最终在大脑中实现。这些符号（物质和能量）具有表征和因果属性。理性思维的本质是思维的符号操作的过程，在过程中符号有句法和语义功能。

---

① Fodor, J., *The Elm and the Expert: Mentalese and Its Semantics*, Boston: The MIT Press, 1994, p. 82.

② Pinker, S., *So How does the Mind Work?*, *Mind and Language*, No. 20, 2005, p. 15.

③ Fodor, Jerry A. and Zenon W. Pylyshyn, *Connectionism and Cognitive Architecture: A Critical Analysis*, Oxford: Basil Blackwell Press, 1988, p. 46.

理性思维的本质就是要解决关于意向性现象的谜团。意向性指思维的"关于"或是"方向",意向性以某种方式代表这个世界。实际上,支持思维语言研究思路的人试着要把意向性植根于科学所研究的客观世界。现在我们已经注意到符号有计算的实质。符号指的是在世界上的实体,这些实体之间存在因果和规律性的关系,这种关系存在于世界上的词例属性和词例符号之间。简单地说,属性或是心理内容所表明的规律或是因果关系被"锁入"了这些符号中。因此思维的意向性,如"意大利浓缩咖啡很苦"是符号计算状态和存在之间的因果关系。

正是因为意向性,本来没有意义的自然语言的声音与符号却可以用来表达意义。如果思维可以被看作是对自己谈话,那么一个思想就可以被看作是思维语言中的一个言语表达。思维语言是假设大脑中由语言系统表达的类比,像一个符号的计算系统一样,它也有它自己的表征元素和组合规则。这样一个结构实现于大脑的神经结构并且决定口头语汇的意义。

第四节 一般会话含义与特殊会话含义

根据思维语言假设,思维是第一性而语言是第二性的,口头语言的意义派生于有意义的内部言语。这样交际中语言可以作为思维中语言的派生物。例如,交际中使用量化句的辖域限制可以看作是在思维中使用量化句的辖域限制的派生。

Grice 认为特殊会话含义是指"利用语境的特殊特征,在某一特别场合说出 P 所带有的含义的情况",一般会话含义则发生在"说出 P 通常带有的这种含义的情况下,使用某种语词的形式会通常（不是在特殊情况下）带有这样那样的含义或某种类型的含义"。① 如：p…an X…q 中，这种类型的句子的一般会话含义是 X 不属于或不是与某一特定的人相联系。如果一个句子有这样的特征，该命题被认为是该句子的一般会话含义。一般会话含义的产生不受任何语境特征的影响，思维中使用语言也具有这样的特征。而特殊会话含义要受语境特征的影响，交际中使用的语言也具有这样的特征。但问题在于一般会话含义都是由句子的形式所产生的吗？在量词的辖域限制的情况中，一般会话含义都是由所有的 A 都是 B 的句子形式引起的吗？答案明显是否定的。

(1) 长庚星是长庚星。
(2) 长庚星是启明星。
(3) 约翰不相信长庚星是启明星。

穆勒认为一个简单的专有名词的语义内容是该名词所指称的物体。如果一个简单命名是他的指称物，那么任何两个有同样指称物的命名一定有同样的意义。那么，(1) 和 (2) 的意义是一样的。显而易见，这两个句子的内容是不同的。(1) 没有信息量，但 (2) 有新信息，丰富了命题。长庚星是晚上最明亮的星，而启明星是早晨最明亮的星星。说话人利用共指涉词的替换来表达会话含义，会话含义所产生的命题和句子的语义内容命题容易混淆。(3) 隐含的命题包括：

(4) 约翰不相信长庚星的指称是启明星的指称。
(5) 约翰不相信长庚星是启明星是真的。

---

① Fodor, Jerry A. and Zenon W. Pylyshyn, *Connectionism and Cognitive Architecture: A Critical Analysis*, Oxford: Basil Blackwell Press, 1988, p. 8.

(1) 和 (2) 在信息性方面的差别不能被 (1) 和 (2) 的会话含义所解释。在思维中使用 (1) 和 (2) 的信息性也不同。(3) 隐含的真值命题就是 (4)，但是在会话含义里使用 (3) 隐含命题就是 (5)。尽管说话人因为礼貌的原因不说出约翰缺乏天文知识，但是说话人能在心里这样想，所以 (3) 不是交际中的意义。

接受统一的罗素语义学和 Grice 语用学来解释我们关于句子指称使用的直觉，区别限定摹状词的指称和属性。通过限定模状词来研究说话人如何通过话语表达多于句子的字面意义的含义。研究思维中限定模状词的指称使用可以了解其在交际中的使用吗？假设在聚会上的一个人对另一个人说：

(6) 站在角落喝茶的约翰很有趣。

如果约翰喝的是水，但说话人还是成功地向听话人表达了"约翰是有趣的"命题。从语义学的角度来解释，在角落喝茶的人是约翰，尽管事实上他喝的并不是茶。从语用学的角度来解释，说话人成功地表达了关于约翰的命题，但句子的字面意义和实际意义不一样。在上面的例子中，我们发现了说话人能使用如"每个瓶子都是空的"句子在思维中来判断在家里的所有瓶子都是空的。但是说话人使用一个句子如"在角落里的男人——约翰——就是在落里喝茶的男人"在思维中不能成为判断的工具，因为这种句子的使用需要有一些背景的信念和判断。

在另一个例子中，假设在一次聚会上张三穿着红色毛衣。如果发现有人的钱包被偷了，而说话人又知道张三曾有这样的前科。说话人对听话人说：

(7) 穿红色毛衣的男人偷了钱包。

用"穿红色毛衣的男人"来指张三。模态词的指称使用需要预先判断是张三偷了钱包。正如前文中说话人用"学生书法很好"来会话含义地表达"学生不适合当哲学研究生",但是并不是在思维中来想这个命题。限定模态词的指称使用不能在思维中的语言中出现,却能够通过会话的原则进行。

从上面的例子可以发现,交际中的语言使用是思维中的语言使用的派生。如说话人先要在思维里对自己说"张三偷了钱包",才能在交际中使用"穿红色毛衣的男人偷了钱包"来指张三偷了钱包,特殊会话含义的产生都要以一般会话含义为前提,言语意义来自心理表征。

语言现象能出现在思维语言使用中,如上例中的量词辖域限制必须通过语义学而不是语用学策略来解释。生成命题的语用机制被限制在特定会话中,例如说话人关于会话准则的信念或是关于听话人能理解说话人的信念。

语用原则能够解释句子话语 p 在语境中能表达另外的命题 q,通过在语境中说某个句子 p,人们可以想到、判断或者对人们说出命题 q。

第三章

心智哲学与语言研究

第一节 语言：认知科学、认知语言学、心智哲学的交会点

一 语言与认知科学

认知科学与语言学是两个学科，它们都试图解释人类心智和经验。认知科学是心理学的一个领域，研究心智及其过程，包括情感、思想、创造力和语言。语言学是研究语言的科学，包括自然语言发展、组织和使用。

我们是如何思考的？我们是如何表达我们的思想的？这些基本问题都是语言学家提出来的研究语言可能在心智里被组织起来的方式。研究感知的心理学家、计算机科学家都想要对智力建模，或是研究人类认知的本质。答案就在于人类的心智和大脑的关系，人类思想反映在语言的过程之中。

认知科学中语言处理的研究都与语言学领域相联系。语言学传统上是人文社会科学的一个分支，包括历史、艺术和文学研究。在过去的五十年里，越来越多的研究者都把研究知识和语言使用作为一个认知现象。主要的问题是语言知识是如何被学习和使用

的,由什么构成。语言学家发现人类构成句子明显是由非常复杂的系统主宰着,语言学家必须求助于间接的手段来决定这些规则是什么。

认知语言学,与其他语言学的分支一样,有自己独特的学科目标和品格。他们试图去描述和解释语言的系统性、结构和功能,以及这些功能是如何被语言体系实现的。认知语言学的基本假设是语言反映了思想,语言提供一个窗口来研究认知功能,了解语言的本质、结构和思想的组织。认知语言学与其他语言研究思路的不同之处在于假设语言反映了人类心智的基本性质和本质特征。认知语言学是一个较新的语言研究流派,发源于对认知科学的研究。

二 认知科学与心智哲学

理解心智及其操作的研究可以追溯到古希腊时代,那时的哲学家如柏拉图和亚里士多德尝试解释人类知识。在19世纪之前,研究心智一直都是哲学的目标。直到19世纪之后,实验心理学开始发展。威廉·冯特和他的学生开始用实验室的方法更系统地研究心理运作。但是在好几十年里,实验心理学一直被行为主义主导,该理论实质上是否定心智的存在的。

根据行为主义学者的观点,如 J. B. Watson,心理学应该审视可以观察到的刺激和行为反应,探讨意识和心理表征不再是科学研究的中心课题。特别是在北美,行为主义在20世纪50年代占据了心理学研究的主导地位。1956年,学术研究的趋势开始改变。科学家们总结归纳了无数研究,表明人类的思维是无限的,甚至可以通过重新将信息编码来突破记忆的限制。心理表征需要将信息通过心理过程来对信息重新解码和编码。这个时期 John McCarthy、Marvin Minsky、Allen Newell 和 Herbert Simon 等科学家成为人工智能领域的奠基人。此外,乔姆斯基也否定了行为主义对语言的假设，他提出用心智语法的规则来解释语言的理解，为认知科学奠定了基础。

认知科学将理论和观点统一起来，其研究方法具有多样性，这是由于不同领域的学者将他们不同的科学观和研究方法引入了心智领域。认知心理学家常常参与理论建构和模型处理，他们最基本的方法就是用人类来作为实验对象。将大学生请到实验室中，在控制的条件下研究不同类型的思维。例如，心理学家做了实验研究了人们在进行演绎推理过程中的错误，人们形成和应用概念的方式、人们使用类比方法解决问题的表现等。我们关于心智运作的结论必须建立在常识和内省的基础之上，心理学实验细致地从各个方向研究心理运作的过程，这对于认知科学至关重要。

认知科学现在已经成为一个很有影响力的研究语言的思路，重点研究概念体系、人类认知和意义建构。认知语言学强调了基本概念范畴的建构，如空间和时间、场景和时间、实体和过程、运动与位置、力量与因果。概念和情感范畴归因于认知主体的注意力与视角、愿望与意图。

认知语言学的研究目标就是通过语言的研究来揭示人类基本的认知能力如构成概念结构的能力。心智哲学是形而上学的分支，研究心智的本质，也就是研究是什么使我们成为有意识的生物。这个领域的中心问题是心智是物质的还是非物质的：人类有没有非物质的灵魂来驱动我们的身体，或是我们的意识仅仅是大脑的电子活动吗？

第二节　心智哲学中的感受质

感受质的本质或"原始的感觉"一直都是心智哲学的中心话题。感受质是个术语，指的是不可分割的原始感觉（primary feeling），例如看到的苹果，视觉上感受到的红色或是脚痛等。感受质传统上被认为本质上是纯粹主观的，感受质一直以来是二元论和唯物主义争论的中心问题，而且为心智哲学的核心问题。这个问题将意识的问题化约到最初的形态，比如主体对疼痛、红色的感觉到底来自哪里。Qualia 是一个拉丁语，意思是"什么种类的"，在哲学中是用来描写主体意识经验的一个术语。头疼的疼、酒的味道、服用兴奋剂的经验，都是感受质的例子。Daniel Dennett 认为感受质是对我们来说再熟悉不过的一个术语：事物看起来是怎样的。

心智哲学研究心灵的本性、精神事件、精神功能、精神性质和认知，以及它们和物理身体的关系（心身问题）。莫里斯（Morris）根据符号学和实用主义提出语用学（pragmatics）的含义。在讲 pragmatics 时，Morris 提出 pragmatics 研究的符号和解释者之间的关系。Morris 认为传统的符号学研究基本上是心灵主义的，心灵是符号解释者，思想和概念来自心灵对符号的解释。[1] 现代心智哲学关心的主要问题之一就是感受质的问题，感受质指的是我们对于世界的主观经验。

感受质是否存在是认知科学和心智哲学的问题，因为看起来经验的主观感觉只在心智中存在。根据传统的观点，感受质有以下特点：不可言说、内在的、私有的、在意识里能理解的。

Searle 就曾经提出过，在他研究思路背后的基本假设就是：语言的问题就是语言哲学的问题，语言哲学是心智哲学的一个分支。言语行为来表征物体和事物的能力是心智的基本生物能力的扩展，将有机体与世界通过信念和欲望联系起来，特别是通过行为和感知联系起来。既然言语行为是一种人类行为，语言表征物体和事

---

[1] Morris, C., *Writings on the General Theory of Signs*, Chicago: Chicago University Press, 1938, pp. 43 - 44.

物的能力是更广泛地将有机体和世界联系起来能力的一部分。

句子的表征能力不是本身具有的，而是来自心智的意向性。心理状态的意向性并不来自更本初的意向性而是事物的本质。概念的字面意义和隐含意义之间呈反向关系是意向性作用的结果。

Searle 提出感受质应被看作是基层属性，从其推理出意向性。他随后认为感受质是第一性的，意向性是第二性的。没有感受质的意向性不能存在，但没有意向性的感受质可以存在。Dennett 认为意向性是感受质的必要条件，因为感受质必须被认为是对前者的判断。[①] 感受质也能被认为是意向性的更高的形式，如 Van Gulick 所说的原意向性那样。[②] 低层次的意向性因此不伴随感受质。与 Searle 相似，我们认为感受质只是意向性的必要条件。没有感受质反映经验、感知和动作，在一定环境里观察和实行意向就是没有意义的，没有经验的意向性不可能。在感受质和意向性之间只有单边的依赖关系，意向性依赖于感受质，但感受质不依赖于意向性。意向性是感受质的一个必要条件，没有意向性的感受质是不可能的。感受质和意向性都是低层次的基础属性。感受质和意向性之间的关系是一种共现关系，两者的属性可以分为较低或较高层次。在一定语境下一个低层次的属性被认为是嵌入的、基本的、构成性的。高层次的属性相反更应该被认为是额外的、非构成性的，是大脑、身体和环境之间的内在整合。

正如 Brentano 所定义的一样，意向性是使心理状态或行为来表征情况或关指意向的物体，是一种心理状态。如在上面例子中的反语，只有当说话人的意向性和他话语的字面意义相矛盾时，反语才产生。

---

① Dennett, D.C., *Brainchildren: Essays on Designing Minds*, Massachusetts: The MIT Press, 1998.

② Van Gulick, R., *What Would Count as Explaining Consciousness?*, In T. Metzinger (ed.) *Conscious Experience*, Paderborn: Ferdinand Schöningh, 1995.

我们探讨了如何使用语言来表达心理状态以及意义来源的理论。现在将我们的注意力转向那些心理状态本身——思想、信念、恐惧等。假设有意义、有特定的命题内容,每种心理状态表达了对一个特定命题的清楚态度。在哲学中,这样的状态被称作是意向性,指向它们本身之外的某件事物。

意向性是"关于"。例如信念是"关于"冰山,但冰山不"关于"任何东西。哲学家长期以来都很关心意向性现象的分析,意向性看来是心理状态和心理事件的基本特征。

该术语是由中世纪的学者提出的,意思是"指向"。意向性指向它们本身之外的相关事物。该概念在19世纪时,被哲学家和心理学家Franz Brentano所复兴,他是现象学最著名的鼻祖。Brentano指出意向性是心理和生理之间的界限,所有的和只有心理现象显示出意向性。他认为意向性体现了心理现象的不可化约性特征。在过去的这二十年间,这个概念又引起了英国和美国的分析哲学家们的兴趣。R. Chisholm和Quine的研究试图发展出与现代逻辑和语义学相一致的意向性概念,大陆的现象学传统一直持续从多个角度探究现象学概念。

语言哲学里已经包含了心智哲学的因素。Searle曾经指出,在实施基本的言外行为时,说话人用同样的内容表达了态度,所以他分析了由心理模式和命题内容组成的心理状态,如信念、欲望、意图。他也指出言外行为和表达的态度有相对应的适从向和相关的满足条件。因此,在实施"断言言外行为"(assertive illocution)时,表达信念的适从向是从心理状态到客观现实。当客观现实与说话人的信念一致时,这些言外行为的条件就被满足了。与之相反,欲望的适从向是从客观现实到心理状态。只有当说话人的欲望与客观现实相符合时,这些言外行为的条件才被满足。

第四章

心智哲学与常规关系

第一节 常规关系研究的源起

Levinson 说,受话人为找到对话语至为特定的解释,要"假定话语里的指称对象或事件之间存在的是常规关系"。这样来说明话语含义的推导是比较易于把握的,同此前的含义推导原(准)则如 Grice 的四准则、Horn 的 Q - 原则和 R - 原则[1]、Sperber 和 Wilson 的关联原则等相比,具有明显的可操作性。值得注意的是,Levinson 提出新格氏语用推导机制三条原则的直接目的,是要进行代词特别是反身代词的前指关系的推导,证明"语法过程可能有其语用过程的渊源",以证明乔姆斯基所主张的语法自治的观点并不符合语言的实际。[2] 因此,Levinson 在论文中没有谈到三条原则在日常交际中的语用推理问题,对"常规关系"这个概念也没有作出具体说明,人们只可以从他的论文以及其他一些学者的文献

---

[1] Van Gulick, R., *What Would Count as Explaining Consciousness*? In T. Metzinger, ed., *Conscious Experience*, Paderborn: Ferdinand Schöningh, 1995, p. 2.

[2] Levinson, S. C., "Pragmatics and the Grammar of Anaphora: A Partial Pragmatic Reduction of Binding and Control Phenomena", *Journal of Linguistics*, No. 23, 1987, pp. 379–434.

中看到常规关系运用的类型，如 inference to stereotype、mirror maxim、bridging inference、membership categorization、conjunction buttressing、condition perfection、frame-based inference、preferred co-reference 等。因此，徐盛桓对常规关系的研究，是从试图对"常规关系"作出说明开始的。

徐盛桓通过研究得出的认识是：常规关系是事物间经常性、规约性地建立起来的关系，而两事物间的共轭关系优先贴近常规关系，前提关系和蕴含关系是常规关系是不言而喻的，但事实关系的认定优于常规关系；常规关系是在人们的记忆中储存下来的，在人们的知识库里通常是不言而喻的，"所以在话语中就不点自明"。① 徐盛桓写过一篇专门论述常规关系的论文，对在语用推理中运用的常规关系的性质、表现、特点和运用，作了比较详细的说明，他指出："能合理地建立一定共轭关系的两事物就能体现一定的常规关系"，人们之所以会把这样的关系视作"常规"，是因为"这些都是社会共识"，成为由群体社会经验整合而成的"集体意识"，并可进一步抽象概括为"常规范型"，成为"集体意识的存在形式和传播媒介"；从本源上说，常规关系是客观世界的一种现实关系，是一事物自身或同他事物的关系，"语句只不过利用了这种关系，作为一种语用策略罢了"。对于常规关系可能涉及的内容，徐盛桓试图这样来概括："任何事物都存在于一定的时间、空间、条件、环境；事物还有其发生、发展变化、终结的过程，都会有其前因后果、取一定的形态、表现出一定的性质特点，同周围的环境还会相互作用；事物还有自身的结构系统、作用功能；事物还会同他事物建立关系"，如此等等，被人们认识以后，就会以知识形态作为认识成果固定下来，于是某一事物的某一状态就

---

① Levinson, S. C., "Pragmatics and the Grammar of Anaphora: A Partial Pragmatic Reduction of Binding and Control Phenomena", *Journal of Linguistics*, No. 23, 1987, p. 2.

会比较经常性、规约性地同某一（些）时间、空间、性状、形态、功能、变化、因果等联系起来，成为常规关系的基本内容。[①] 后来，徐盛桓对这些认识作了概括："从本体论来说，常规关系是事物自身的关系，为语言的表达所利用；从话语的理解特别是含意推导来说，常规关系被提炼为'常规范型'，在话语中体现为含意或称隐性表述（implicit expression）的具体内容，对语句的显性表述（explicit expression）作出阐释或补足，使话语得以理解为相对完备的表达，达至交际的理解；从认识论来说，常规关系是社会群体以关系来把握世界的认知方式的存在形式和传播媒介；从方法论来说，常规关系作为认知世界的一种方式方法，是对人认识事物的具体方法的反思后形成的一种思维方法，成为自觉或不自觉的认识事物的一种视角、一种图式、一种框架、一种模型。"[②]

徐盛桓在一篇回忆许国璋先生的文章里曾援引许老对他的论文的评论中说过的一句话："他不仅是引进理论，而是从根本概念说起，有章法有层次地分析论证。"[③] 徐盛桓对常规关系的研究看来正是遵循许老的教导去做的，他力图"从根本概念说起"。不过，这里的工作基本上还是阐释性的工作，沿着将常规关系作为语用推理的思维工具这一思路做一些"有章法有层次地分析论证"。这为他以后对新格氏理论的"重构"工作打下了基础。

第二节 对常规关系认识的深化

随着研究的深化，特别是各学科研究的交互影响，对常规关

[①] Levinson, S. C., "Pragmatics and the Grammar of Anaphora: A Partial Pragmatic Reduction of Binding and Control Phenomena", *Journal of Linguistics*, No. 23, 1987, p. 2.

[②] 徐盛桓：《常规关系与认知化》，《外国语》2002年第1期，第6—11页。

[③] 徐盛桓：《许老教我写论文》，载于王克非编《许国璋先生纪念文集》，外语教学与研究出版社1996年版。

系的认识也在深化。从徐盛桓的研究来说，主要表现在以下几个方面。

从认知科学的视角对常规关系进行认知解读，把常规关系看作一种认知工具。徐盛桓曾经论证："Grice 在五六十年代的研究对含意可取消性这一特点的发现，同后来认知科学关于人类智能的这一关键特征的发现不谋而合。无论 Grice 是有意识而为之还是无意识而为之，他已经同人类智能的这一关键特征（指用不完备前提得到所需要的结论——本文作者）擦肩而过了。"① Grice 的会话含义理论研究之所以会同后来才出现的认知科学的某些发现不谋而合，这是因为，话语理解的重要特征也就在于用不完备的前提得到所需要的结论。从这一点出发，学者们会不约而同地从认知的视野对语用推理做进一步的探讨，也就是顺理成章的事了。这是徐盛桓将对常规关系的研究"认知化"的学术背景。

认知科学目前有符号主义、联结主义、行为主义的研究范式，三者既表现为一定程度的互补，又表现出一定程度的演进；同这些研究范式相联系，语用推理得出的含义就可以分别被认为是计算隐喻、突现隐喻和涉身性隐喻。② 格氏、新格氏理论进行语用推理的研究，基本上可以看作相似于符号主义范式的思路，尽管他们并不一定是有意识而为之。这个意义上的"认知"，就是指"可还原为大脑的生理过程之物理过程的心智活动"③，也就是将大脑的心智活动比喻为符号运算的过程。徐盛桓所提出的常规关系"认知化"研究，是将常规关系作为语用推理中认知系统符号运算工作的一种工具。这一假设，是基于认知科学研究中的一种认识：

---

① 徐盛桓：《许老教我写论文》，载于王克非编《许国璋先生纪念文集》，外语教学与研究出版社 1996 年版，第 3 页。

② 刘晓力：《交互隐喻与涉身哲学》，《哲学研究》2005 年第 10 期，第 73—80 页。

③ 同上书，第 21 页。

人们之所以能在不完备的前提下进行推理获得合理的认识，是因为利用了已有的知识、信念、经验，成为获得新认识的参照工具。为此，认知科学家、人工智能科学家提出了人们的知识、信念、经验是以"最小知识集"在大脑里储存成为认知工具的设想[①]；不同的认知科学家对什么可充当这种工具有不同的假说，如"框架""图形""脚本""理想认知模型""常规关系"等。按照徐盛桓的观点，常规关系就是这样一个认知化了的因素；认知科学是要全方位地揭示人的认知能力的形成和发展，要对认知活动的原理、机制作出理论概括，以期揭示人的心智活动的本质。各家各派理论不同的个性和特点，主要表现为对"认知加工"的途径、方法、手段、工具的设计和说明的创造性上，其中最核心部分是对认知工具作出的假说，"常规关系"也是其中的一个假说。对常规关系的研究在这方面的深化意义在于：新格氏理论将如何实施 Grice 提出的语言交际推理模型具体化了，而常规关系研究的"认知化"力图进一步弄清推理模型为何能实施。

常规关系作为语言运用的逻辑先设。格氏理论里，常规关系的利用只是作为信息性原则推导的"触发点"，是为说明含义推导的一种情况立论的。徐盛桓通过研究，发现常规关系在语言运用中有更大的一般性，即语言运用总是要依靠常规关系的。因此，他把运用常规关系看作是语言交际的逻辑先设，认为常规关系"是话语中所表达的各种关系的本源，因而是人们语言运用的一般前提，是达至相互理解的普遍基础"。徐盛桓是这样构建这个语言运用的一般前提的。[②] 他论证了 Levinson 的 Q-原则所涉及的"荷恩

[①] Lin, T. Y., "Fuzzy controllers: An Integrated Approach Based on Fuzzy Logic, Rough Sets, and Evolutionary Computing", In Lin, T. Y. & N. Cercone (eds.) *Rough Sets and Data Mining*, Mass.: Kluwer Academic Publishers, 1997, pp. 110–123. Pawlak, Z., *Rough Sets*, In Lin, T. Y. & N. Cercone (eds.) *Rough Sets and Data Mining*, Mass.: Kluwer Academic Publishers, 1997.

[②] ibid., p. 21.

等级关系"和 M-原则所涉及的情况,"从本质来说,都与量和方式的'常规'有关",本质上都是用常规关系来扩充说话人的或阐释说话人的话语。① 其他的基本论证首先是从语言形成的基本理据展开的。徐盛桓从认知语言学的基本立场出发指出,客观世界自主的规则和关系以及人世间自为的规则和关系形成了对语言运用的基本制约,因而语言的规则和它所表示的关系是客观事件的规则和关系通过人们认识投射到语言运用中来形成的。这涉及"世界—认知—语言"三者之间的关系,世界图景通过人类认知的投射,成为语言设计的总体参照和语言运用的总体理据,既是把握语法形式形成的总体理据,又是理解语义内容表达的总体理据;而世界图景可以通过常规关系来把握,这就是说,世界事物自身的常规关系通过认知的投射,为语言的表达所利用,成为形成语言表达方式和理解语言表达内容的理据。② 这就是为什么要设定话语所涉及的对象和事物之间所形成的关系是常规关系。徐盛桓进而援引经济学家、社会学家、生物学家 Sugde、Shelling、Polanyi、M. Smith 等的论述说明,将常规关系的运用作为语言理解的一般性语用前提和普遍的语用基础,获得其他社会科学理论的支持。这些学者曾分别指出,人类有非常惊人的协调他们之间的活动以作出选择和决策的能力;之所以能协调,是因为在一个相对固定的群体中,一种相对恒定的策略被采纳,它就在这一群体中成为一种均衡,而这一均衡不能被另外某种未经推广的策略所"侵扰"。这些学者认为这个假设说触及"社会现象中许多深层次的问题,尽管其原因还不很清楚"。他们将协调的达成称为"心照不宣的理解"(tacit knowing)、"共享的突现观念"(shared notions of promi-

---

① 徐盛桓:《论常规关系》,《外国语》1993 年第 6 期,第 11—17 页。徐盛桓:《论荷恩的等级关系》,《外国语》1995 年第 1 期,第 11—17 页。徐盛桓:《常规关系与语句解读研究》,《现代外语》2003 年第 2 期,第 111—119 页。

② 同上。

nence)、"焦点"(focal point)①、"习惯的相似点"(habitual similarity)。徐盛桓认为,按照这样的假说,可以得出以下的逻辑蕴涵:已得到认同的说法 S 总是成立的、不受"侵扰"的,除非另有说明。② 这样看来,常规关系的确可以成为协调人们的交际活动以作出选择和决策从而获得共享的理解的普遍基础。从徐盛桓近年来的研究看,将常规关系的性质、功能在这个层次定位,把常规关系看作形成语言表达方式和理解语言表达内容的理据,有可能将语言研究中的句法、语义、语用的研究统一在用常规关系建立起来的理论框架里,对语言运用的各种情况作出一以贯之的解释,请参看徐盛桓相关著作。③

第三节 常规关系的分类

对常规关系作出概括分类,是基础性的研究,可以从不同的视角、层次作出分类,为特定的研究目的服务。

常规关系的研究之初,其分类是很粗略的,认为常规关系的内容可从逻辑的、心理的、词义的三种途径体现出来。稍后,在进行含义本体论研究时,是通过常规关系体现含义的方式进行分类的,可分为索引式、像似式、替代式、链条式、寄寓式、作譬式等。再后,在常规关系的认知化研究中,常规关系是从范畴化的角度进行分类的,按照常规关系被抽象成为常规范性的类型,

---

① T. C. Shelling 以八十多岁的高龄获得 2005 年诺贝尔经济学奖。在网上,一位作者将 Shelling 在 1960 年就提出的经济学概念 focal point 戏译为"灵犀",大概是认为一个焦点能为大家不约而同地关注,是因为"心有灵犀一点通"吧。

② 同上书,第 21 页。

③ 徐盛桓:《论常规关系》,《外国语》1993 年第 6 期,第 11—17 页。徐盛桓:《论荷恩的等级关系》,《外国语》1995 年第 1 期,第 11—17 页。徐盛桓:《常规关系与语句解读研究》,《现代外语》2003 年第 2 期,第 111—119 页。

分为核心型、借指型、示意型、子母型。这些分类，可为研究运用常规关系进行含义推导提供路向，可"按图索骥"。最近，徐盛桓提出，在一个较为抽象的层次进行概括，常规关系可以从两个维度体现出来：［相邻±］、［相似±］；也就是说，事物之间的常规关系可以从它们的相邻性±或/和相似性±来把握[①]，两事物之间常规上可能很（不）相邻或/和很（不）相似，或处于很相邻（或/和很相似）与很不相邻（或/和很不相似）的两极之间。徐盛桓指出，之所以可以进行这样的概括，从客观上说，是因为两事物间的关系必定可以体现为［相邻±］和/或［相似±］这两个维度，而且是否具有相邻/相似性是比较容易观察和认定的。两事物间的相邻/相似性可以在不同的时和空这两个因素的背景上，从物理上、心理上、象征意义上进行考察，而这三种情况分别还可以再分出次类、次次类，从而使相邻、相似性表现出不同的性质、情况、强度，因此相邻/相似性分别是从［相邻+］/［相似+］到［相邻-］/［相似-］的连续统。从主观上说，人们感知事物有两个十分重要的特征，即具有相邻性或相似性的两事物会分别被识解为一个整体，这是格式塔心理学的完型趋向律中的两条重要的规律相邻律（Law of Proximity）和相似律（Law of Similarity）作出过说明的。从相邻性或/和相似性作为常规关系来把握两事物的关联性，就是将具有一定强度的相邻性或/和相似性的两事物识解为一个整体，认定了其中一个的存在就总是内在地蕴含着另一关系体的不同程度的存在，不管这另一关系体在该认知活动中在不在场。这样看来，所谓以关系的方式把握世界，就是把握住认

---

① 徐盛桓：《成语的生成》，《暨南大学华文学院学报》2004年第2期，第42—51、107—111页。徐盛桓：《语用推理的认知研究》，《中国外语》2005年第5期，第10—16页。徐盛桓：《"成都小吃团"的认知解读》，《外国语》2006年第2期，第1—7页。徐盛桓：《相邻和补足——成语形成的认知研究之一》，《四川外语学院学报》2006年第2期，第107—111页。

知语言学所说的世界的"关系性"(relationality):具有常规关系的两事物互称为对方的"关系体"(relational entities),一关系体的存在总是内在地(inherently)蕴含着另一关系体的存在①,从而有可能将事物连成一个可以理解、可以解释、可以预测的网络。这样,常规关系的研究就同认知语言学有了更紧密的联系。

第四节 意向性与常规关系

一 意向性

意向性对于语用学的首要重要性在于意向行为为语言表达提供了意义。话语是说话人意义的载体(思想的载体),从对应的心理状态获取意向。Dennett在他的一篇论文里提出如何对行为体系采用意向的立场。Dennett声称可以将意向性作为工具更好地预测行为。②

计算机可以被认为是理性的,如果它得出的计算结果是正确的,但这不是原初意向性的例子。第一种可能是:计算机只能说是具有派生的意向性。它的表现具有意义只是因为人们设计了它的表现,而且将意义赋予到输入/输出的关系中去。只有人类才使用他们所看到、感受到的内在信念来进行同样的计算。第二种可能是,意向性的理论准确地描述了理性的生物如何行使心理计算,这是最好的研究心理建构本质的方式。

意义的物质理论想要把意向属性归因到心理状态,这也是在相关文献中最广泛讨论的问题。Robert认为意义理论分为两个主要

---

① Croft, W. and A. D. Cruse., *Cognitive Linguistics*, Cambridge: Cambridge University Press, 2004.

② Ibid., p. 18.

的种类,将意义当作非对称性的和对称性的,意义的表征分为心理的和非心理的[①],非心理的意义被认为是派生于心理状态的意义,它们在结构特点上来说都是不同的,原初和派生是表征关系的两个类型。

意向性是心智哲学的中心概念。Husserl 把意向性叫做意识的基本属性。尽管意向性在哲学里是一个术语,但对我们来说却很熟悉。意向性是我们心理状态和经验的一个特征,特别是我们的意识特征。作为有意识的人,我们不仅仅被我们环境中的事物所影响,这些事物,还包括自我和他人。此外我们还能意识到抽象的事物如数字和命题。事件构成了我们的心理生活——我们的意识、思想、信仰、希望、恐惧等都有这种关指事物的特征,因此赋予事物意义。例如当我想到数学公式时,我的思想"关于"一定的数字和它们之间的关系。又如当我希望战争不要爆发时,我的希望是"关于"世界未来的状态。这样的心理状态或经验赋予某事物意义,心智和意识的表征特征就是意向性。

Husserl 对于意向性的兴趣是受到了他的老师 Franz Brentano 的启发。Franz Brentano 从中世纪的哲学中选择了这样一个术语。意向性源于拉丁动词"intendere",意思是"指向"。Brentano 把心理状态和经验的特征归结为"指向某个状态"。某个动作是意向性的,那么这个动作有某种意图,是指向某种情况的心理状态。他宣称意向性是心理的特征,所有的心理现象都是意向性的且只有心理现象是意向性的,这就是 Brentano 的观点。几乎所有的哲学家,包括 Husserl 认为 Brentano 提出的观点的前半部分太过于肯定。Husserl 主要关注意义的心理状态和经验,他把这些经验叫做意识的行为,Husserl 认为意识是意向性的。

---

① Cummins D., Kintsch W., Ruesser K., Weimer R.,"The Role of Understanding in Solving Word Problems", *Cognitive Psychology*, No. 20, 1988, pp. 405–438.

现在对 Brentano 观点的后半部分的争议也不少,只有心理现象是意向性的吗?照片"关于"照片中的主体的,符号代表着或是表征了事物。照片、符号和词语本身的意义和阐释是具有心智能力的人给予的。他们本身只是物体,但从人们意向的心理状态那里获得的意义。

很多的哲学家都认为这个观点如果正确,会对心智哲学产生很大的意义。它带给我们的启示是,不能用大脑状态或外在的身体行为来解释心理现象,但他的观点使得我们不得不思考心理现象如何被解释为内在意向性。电脑能复制意向性的心理状态,而我们要解释电脑程序的操作如何能产生内在的意向性的状态以及这种状态是如何被显示的。

意向性或经验看来是一种关系,是经验者的心理状态和外界事物之间的关系。意向性具有因果关系,因此说明心智如何与外界的事物联系。心智和心智之外的事物之间有因果关系,正如笛卡尔所说,我们的感知经验也不完全是对真实事物的感知,梦境也是一种经验。笛卡尔认为我们的经验只有主观的特征,即在我们的心智之外不存在世界。Husserl 认为这些例子是意向性独立于事物的存在。独立于存在之外的意向性就是心理状态或是经验的现象属性。它们的内在属性是经验,它们如何与外界事物联系,是由意向性的特征决定的。

独立于存在和依赖于感知是意向性的两个特征,我们可以从客观的角度解释意向性。意向性是我们所了解的最重要的经验知识,独立于任何与外界的实际联系,因此意向性不能完全客观地进行解释。

Intentionality 最初由 Brentano 提出,但后来被 Husserl 复兴,意向性是人类意识的属性,人类意识是指向某事物的。另一个意向性的概念所用的词是"关指",意向性的概念应该与意图区分,意向性和意图是很容易混淆的。

Husserl 对意向性进行了深入的讨论。Frege 区分了意义和指称，Husserl 认为意向性行为是由思维产生的，动作产生是关于某个实体。正如 Frege 所提出的那样，可能将指称与不同的描述对应，每一种都有不同的意义。Husserl 提出需要区分意向性行为和它们的对象。对象可能是一样的，行为可能会改变。Husserl 与 Frege 的不同之处在于 Husserl 坚持意义总是行为。意义在我们的意识里形成，是我们与世界联系的方式。对 Husserl 来说，声音、手势或在纸上的印记都可以有意义，只要人类对它们进行阐释。

　　意向性在 Austin 的言语行为理论中也发挥着重要的作用。Grice 的意义理论和 Searle 的心智理论也都把意向性作为一个重要的内容。意向性也成为检验儿童心智发展和进化的重要维度。学者们也使用意向性去区分人类智慧和其他物种的智能。例如有学者就使用意向体系的层级来检验猿猴的智能。意向性体系分为三个等级：第一级没有信念和欲望；第二级是信念和欲望；第三级是关于信念和欲望的信念和欲望。第三级的意向性体系被用在 Grice 所说的非自然意义中。A 如果想要通过 X 来表达意义，A 必须想要在观众里通过 X 来灌输一个信念，他还必须希望听众识别出他的话语意图。

　　Grice 和其他理性主义者对人类行为的解释主要是依赖于人类信念和欲望的常识。对于人类学家来讲，关键的问题在于是否可能把意向性行为和文化语境分离开来。阐释话语的意义依赖于规约化和意向性。听众能对与语境相关的信息有所回应，但文化语境的差异会造成交际的障碍，使参与者不知道彼此的行为和话语到底要达到什么样的意图。

　　另外一个研究意向性的路径就是对 Husserl 的研究范式进行批判。我们所说的理性和科学都建立在我们对世界的认识上。海德格尔认为意义不是来自我们的意向行为，而是来自时空语境。很多后结构主义者把自己的理论建立在海德格尔的理论基础上来研究意向性。Pierre Bourdieu 引导了人们对意向性的认识，其他的社会科学家都突出了工具的重要性以及与其他人合作的重要性。

那到底什么是意向性呢？脑神经的活动组织是可观察到的和可完成的事件，这是在一定环境下进行的。我们看到一个书面的词语，也能听到发音并且理解其意义。在这些情况下，感知的基础是外界的刺激，但是获取的信息却能超出这个刺激。同样的情况也可以应用在物理事件的感知中。当我们关注到台球相互的撞击时，我们所感知到的信息是建立在我们视觉的基础上的，但是我们感知到的信息还包括球之间的运动的因果关系。当我们看到其他人的行动时，我们看到的并不只是眼前的景象。我们可以看到的是人们的目的以及他们成功与否。我们是通过一般的感知来做到的，也就是说我们要超越信息本身。没有经验的意向性是不可能的，我们否决了 Searle 关于感受质与意向性之间存在的单边依赖性。意向性依赖于感受质但是感受质不依赖于意向性。意向性是感受质的必要条件，没有意向性的感受质可能是空洞的，而且是不可能的。我们将感受质和意向性都看作是低层次的属性。感受质和意向性之间的关系可以被称为共现关系，需要被分类为高层次或是低层次的属性。低层次的属性是基础的。高层次的属性被认为是额外的、我们认为感受质和意向性都是低层次的属性。

亚里士多德区分了四种不同的原因描述事物的目的和目标。形式原因就解释了是什么使某物为其本身而不是其他的事物。物质原因描述了物质是怎样构成的，而动力原因则描述了是什么力量使事物产生。这些原因与感受质和意向性有内在联系。

二 相邻/相似与意向性

事物可以影响我们的意识，意识是通过我们的感官和知觉来感知事物的。相邻关系是感知事物之间的接近关系，是不能通过对意向性的理想化获得的，它在于对感觉进行物质化。因为意识不仅把事物对象化,而且意识拥有感觉,可以被感知到的事物所影响。

如果我们感知到某件事物,我们会被这个事物所影响,然后再对它感兴趣。

但是我们是如何获得感知的?话语具有不完备性,需要靠意向补充完整。相邻和相似是格式塔理论中的四组概念中的两组。相似关系指的是看起来相似的事物可以被识别为一个整体,而相邻关系指的是事物位置的相互关系。

人们是如何判断词语、物体和观点之间的相似性的。相似性是心理研究的焦点是因为相似感觉与认知能力紧密相连。相似关系的识别与我们概括、范畴化和概念化能力有关系。[1] 相邻和相似是有一定的联系的。任何事物如果相似,是可以被描述为在位置上相邻的,不相似的事物可以被理解为在位置上是遥远的。人们谈论相似性可以揭露他们概念化事物的方式。根据概念隐喻理论[2],隐喻建立在具有相似性的抽象概念关系之上。

我们通过感官来感受抽象的目的域,跨领域的映射可以被看作是目的,也就是来源。[3] 在隐喻的语言中,源域和目的域的映射是词语构成的,隐喻是非语言的感知和概念领域的映射。[4] 尽管概念隐喻和相关的理论在认知语言学的文献里占有重要地位,但是却很少有人注意到在心理隐喻中相邻和相似的重要性。隐喻理论

---

[1] Medin, D. L., Goldstone, R. L., Gentner, D., "Respects for Similarity", *Psychological Review*, No. 100, 1993, pp. 254–278.

[2] Lakoff, G. and Johnson, M., "The Metaphorical Structure of the Human Conceptual System", *Cognitive Science*, No. 4, pp. 195–208.

[3] Lakoff, G. and Johnson, M., *Philosophy in the Flesh: The Embodied Mind and Its Challenge to Western Thought*, Chicago: University of Chicago Press, 1999.

[4] Casasanto, D. and Boroditsky, L., "Time in the Mind: Using Space to Think about Time", *Cognition*, No. 106, 2008, pp. 579–593.

对于心理表征的涉身理论有着重要作用[1]，心理隐喻的基础是相邻、相似关系、相似的事物在空间中位置相近，不太相似的事物在空间上隔得更远。

相似的人和事物更倾向于靠在一起，这是格式塔心理学家所关注到的情况。语言学家也注意到在语言、概念和空间之间也存在关系。[2] 当我们感知所处环境中的事物时，我们习惯性地同时激活关于空间和相似性的信息，建立起这些心理领域之间的联系。一个领域中的信息可以激活另一个领域的相关信息，成为抽象域中的推理（如空间概念可以用来支持相邻的推理）的基础。相邻和相似的心理表征的联系能够在神经层面被激活和实施，建立跨领域映射。

相邻和相似在心理隐喻中有很重要的地位。没有跨领域的映射，就不可能有抽象的思想。人们在谈论相似性时会用到空间词语，但是人们会使用空间的概念来进行相似性推理。相似性的概念依赖于我们对空间距离的心理表征。

三 意图和意向性

现代语用学通过三种思路来研究说话人意图。其中一条可以追溯到中世纪的哲学，另外一条思路是从20世纪50年代中期的语言哲学开始的。语言哲学想要通过语言的使用来定义语言的意义，"说话人的交际行为"这一概念出现了。第三条也是最有影响的一条思路，拯救了形式语义分析。这种分析不仅能整合真值条件也能整合隐含的意义，形成整体的交际概念。意向性和意图是不一

---

[1] Barsalou, L. W., *Perceptual Symbol Systems*, *Behavioral & Brain Sciences*, No. 22, 1999, pp. 577–609.

[2] Jackendoff, R., Semantics and Cognition, Cambridge, MA: The MIT Press, 1983. Lakoff, G. and Johnson, M., *Philosophy in the Flesh: The Embodied Mind and Its Challenge to Western Thought*, Chicago: University of Chicago Press, 1999.

样的概念。意图和意向性可以用来解释说话人意义[1]。言语行为[2]以及行为和意义阐释背后的认知过程。

意向性一直以来都是哲学中的重要概念。意向性是用来表示心智的属性,是心智的关指能力。换一种说法,就是心智能够表征物体、属性或事物的能力。在中世纪哲学中,存在的形式有自然的事物、概念和心理图像或是想法。意向性的观点可以回溯到古代哲学,该概念由亚里士多德提出,后来又被广泛地使用在中世纪的学术著作中,又在 Brentano 和 Husserl 的现象学中复兴。现象学指的是现象在意识中表征的方式。心理态度,如信念、欲望或愿望都是意向性的,因为它们都关指某个事物。对于现象学家来说,事物都作为物体存在,但他们也存在于意识行为之中。Brentano 和 Husserl 都发展了复杂的观点,谈论了这样的心理存在的意义,特别是是否存在对于思考者心智来说的内在的事物。对于 Brentano 来说,意识的心理行为有心理实体的地位。在语义学和语用学的研究中,弗雷格关于意义的概念对语义学研究的影响力很大。

Husserl 对于意义的理解是包含在意识的客观内容里的。意识的行为指向了意识所决定的物体。但是意义和物体、意义和指称之间的区别有了不同的研究方向。但是 Husserl 和其他现象学家将研究的注意力集中到了意识上。弗雷格和其他分析哲学家都集中注意力来发展意义理论,使用主体间的概括,运用了赋予意义的心理行为。意向性是心理状态的一种属性或可以识解为其他物体的属性,但是我们关注的是信息系统的意向性。意向性是心智的

---

[1] Jackendoff, R., *Semantics and Cognition*, Cambridge, MA: The MIT Press, 1983. Lakoff, G. and Johnson, M., *Philosophy in the Flesh*: *The Embodied Mind and Its Challenge to Western Thought*, Chicago: University of Chicago Press, 1999, p. 8.

[2] Searle, J. R., *Intentionality*: *An Essay in the Philosophy of Mind*, Cambridge: Cambridge University Press, 1983.

特征。对于 Searle[①] 来讲，我们的信念和意图有内在的、基本的意向性，但是语言表达却有派生的意向性，因为言语行为的意义可以用意向状态来进行分析，如信念和意图。换句话说，Searle 说心智产生了意向性，语言表达方式所表征的意图是派生的、可以交际的意图。心理状态的意向性说明交际的行为可以用满足的条件来说明。信念有内在的意向性，但是话语却派生了意向性。

Searle 提出意向性有两个层级，心理状态如信念和希望等都把满足条件加入到了这些状态的表达方式中去。这些条件都决定了语言表达式的意义。意向性应该是一种内在的属性。

既然意向性的双层级性突出的是言语行为的特征而不是言语行为和心理状态之间的关系，那么我们应该想到的是言语行为有基本的意向性和心理现象的外化，也有派生的意向性和语言表达。语言是心理状态的载体，就成为解释神秘的意向双层性的方式。

人类的心智不是具体事物，很难了解。了解自身就是了解自身所有的知识，了解什么是心智的事实。心智哲学也要解答到底什么是人类的知识，我们是怎么感知别人的能力、性格和情感的，了解这些的目的是为了探究人类的心智。

理性心理学是抽象的和概括的形而上学。实证心理学从另一方面来讲是关于具体心智的。在科学复兴之后，研究者通常使用观察和经验的方法来进行研究，心理学也和其他的学科采用的也是同样的方法。形而上学的理论在演绎科学之外，因此避开了任何具体的事物。演绎科学也和形而上学紧紧联系在一起，很难分析为任何具体的力量和活动，也不能进行推测。

亚里士多德的灵魂学说是对这方面研究的富于哲学价值的著作，心智哲学重新阐释亚里士多德著作。心智只是作为一个整体

[①] Searle, John R., *The Rediscovery of the Mind*, Cambridge, MA: The MIT Press, 1992.

而存在，对整体的理解也被进一步激活。正如区分心理自由论和心理决定论一样，心智具体的本质涉及智力是如何发展的，心智最重要的能力是表征的能力。19世纪的哲学家和心理学家Franz Brentano把这种特征叫作意向性，也就是心理的标记。相反地，笛卡尔把意识作为心理的标记。

意向性具有选择性。世界上有很多叫苏格拉底的人，但一提到这个名字，我们想到的只有其中一个。我们也有很多的信念，如植物需要阳光来进行光合作用。意向性可以跨越时空。关于苏格拉底的思考可以指向2400年前在古希腊的一个人。人可以思考什么是未来，如下一个美国总统是谁。

意向性不仅仅限于存在的领域。人们可以想想哈姆雷特，尽管在真实世界里没有这样的一个人，但是却有关于他的图片和文字描述。我们不仅能够思考图片和文字，而且可以思考哈姆雷特本人。最后，可能最重要的是意向状态还能错误表征它们指称的事物。人们可以错误地相信亚里士多德是苏格拉底的老师，或误把远处的一个人当作谁的朋友。

现在当我们关注词语和其他的意向性符号时，可能会忽略它们的重要性。词语的意向性是派生的，从我们的心智获得意向的能力。但是心理状态跟词语不一样，有最初的意向性。[①]

意向性在最开始时对于唯物主义者来说是很难接受的。任何物质的事物如何能关于其他事物。它是如何具有这样的能力的？这些问题都会困扰唯物主义者，但是更值得注意的是任何非物质的事物是如何获得最初的意向性。关指好像站不住脚。

对于这个难题，有些哲学家认为意向性意味着我们自己把心理属性映射到外界的物体和事件上去。没有独立于心智的物体或

[①] Haugeland, J., *Ontological Supervenience*, *The Southern Journal of Philosophy*, Supplement, No. 22, 1984, pp. 1–12.

事件可以被判断为错或是对。映射理论对于心智属性是行得通的，因为映射本身是需要意向性的。我们必须能够在我们能映射任何事物之前考虑到外在世界。但是，这又出现一个难题：事物为何有"关指"的属性？

意向性最初形式是什么已经引起了很多哲学上的争议。研究这个问题有两个思路。一种是想要把意向性自然化，甚至可以化约为非意向性的世界的特征。另一个选择是要把意向性作为真实的，但是可以化约的，和物质等基础属性列在一起。

第一个思路是哲学关注的中心。意向性是真实的，可以化约为非意向性的特征，因果力能成为意向性理论的主要成分。尽管因果力不具有所有意向性的特征，但却具有选择性，可以穿越时空。

福多提出了因果理论。符号指称原因。假设你看到一个物体，这就造成大脑进入某种物理状态，并进行心理符号的计算。物体激活了你大脑的物理状态，语言符号可以用来指称该事物。

以这种方式来看，语言符号的"关指性"可以化约为因果关系。福多关注的是更加基本的一个问题，因果理论没有错误表征的空间。但是我们的心智有时会错误地表征事物。表征如何被化约到因果关系？语言符号表征的实质是什么？要将意向性自然化的论断受到了很多质疑，似乎很难把意向性化约为客观世界的特征。

Searle 是很关心心智的，但是他也想把意向性化约为更基础的东西。Searle 论文中有一个著名的"中国房子实验"，他想象他自己在一个房间里根据复杂的指令来摆弄有标记的纸片。

通过跟随这些指令，他模拟着中文的会话。但是尽管运行这个程序，Searle 自己并不懂中文。对他来说，他所摆弄的纸片只是毫无意义的潦草的字。

Searle 认为编程的电脑至少具有近似于意向性的状态。但是这样一个系统没有原初的意向性，也就是 Searle 所说的内在意向性。电脑操作的符号对电脑来说不意味着什么。Searle 认为这样的意义即使在符号体系和外部世界的因果关系被建立起来时也不会出现。但是到底是什么赋予了符号体系原初的意向性？Searle 提供了一些细节。他的观点认为意向性是物质现象，是由大脑产生的，不能被化约为任何过程，取而代之的是世界不可分解的特征。[1]

意向性心理状态包括思想、心理图像、感知经验和命题。不同语言的句子可以表达同样的命题。我们可以认为命题是事实，尽管严格地讲，只有真命题是事实。

命题态度包括信念、希望和愿望。但是在所有的命题态度中，信念是最基本的命题态度。如果我希望我是超人，我必须相信存在超人的素质。信念是知识的中心成分，在传统中被定义为合理的真实信念。

心理具有命题内容和因果力。Fodor 认为信念是思维语言的内在句子，这些句子在人们的心理中起到了计算的作用。戴维森非常关心信念和语言之间的关系。他特别指出除非人们能解释对方的语言，否则很难有信念。没有语言的动物是不能有信念的。戴维森的观点建构如下：生物一定能够解释对方的语言、一定要是语言社团中的一员，这样才能有信念的概念。

表征的常规系统有两种。一种是表征体系。表征体系的功能是说明 O 是否是处于情况 A 或 B，例如，表征体系中 O 是 A 和 B，那么 A 和 B 就是表征体系的表达成分，它们表征的 O 就是 A 和 B。

表征体系能被分类，但这个体系的特殊属性是通过比较和对比得来的。如果人的记忆出了问题，可能出现表征事物的错误。体系的构成成分没有表征的内在能力，所有表征的能力都来自符

---

[1] Haugeland, J., *Ontological Supervenience*, *The Southern Journal of Philosophy*, Supplement, No. 22, 1984, p. 31.

号的创造者和使用者。符号的表征功能都来自有交际目的的交际者。语言符号系统是表征系统，符号都被赋予了指示的功能。但符号本身是没有内在能力来行使指示功能的。

符号和信号是不同的，我们需要理解符号和信号之间的区别。使用自然符号的方式是挖掘它们的自然意义，和非常规指示能力来达到表征的目的。

如果表征体系指示 S 是 F 的功能，那么我能够用"S is F"来指称表征内容。对于表征内容有两个问题。事物、人的指称，其次是表征的方式。表征指示的是什么事物，意义是表征的内容，每个表征的内容都有意义和指称。指称体系的两个方面是意向性的两个纬度：关指或意向状态的指称，意向状态有命题内容。

第五章

心智哲学对谐音仿拟研究的启示

第一节 谐音仿拟的定义

"谐音仿拟"是"仿拟"修辞手法中的一小类。"仿拟"指的是故意模仿、套用某一既有的语言表达形式,但表达的是另外的意思(参看《辞海》);"谐音仿拟"只涉及同音或近音异义式的模仿套用。谐音仿拟修辞手法运用很广。有一个民间故事说,有人把地出租给别人,租一亩地先要额外收租种人一只鸡。张三想要租地却不想给鸡,就把鸡收在背后。此人看到就说:"此田不与张三种",张三急忙把鸡拿出来;他改口说:"不与张三却与谁?"有人问他为什么开始说不租给张三后来又租,他说:"此乃见'鸡'行事。"这里"见'鸡'行事"就是仿拟惯用语"见机行事":"鸡"既可以是指实情的"鸡",又可以是同音的"(时)机"。他本来是看到鸡才答应租出的,用"见鸡"一语双关,好为自己解嘲。

Hempelmann将我们这里说的谐音仿拟定义为"不完全双关"(imperfect pun)或"多(异)音双关"(heterophonic pun),其特征是:被仿拟的"目的词语的发音同用作双关的词语的发音有异"。我国学者对"仿拟"(包括"谐音仿拟")的研究过去多从修辞的视角进行,例如分析广告、相声、新民谣、网络语言等出现的仿拟,说明仿拟的构成、分类、特点、用法、修辞效果等,主要是描述性、归纳性的,散见于修辞学的著作和论文,这里不一一列出。

近年来,随着现代语言学研究在我国的广泛展开,一些学者试图从认知语言学的角度对仿拟的机理作出解释,例如徐国珍[①]将仿拟看成是一种"行为",并认为其认知结构由范畴与原型、图式与完形、联想与类推、语境与经验等要素构成。这一研究立意是好的,可惜的是,什么是"仿拟行为"的认知结构和认知过程?看来徐文的说明仍语焉不详,因为开列了四对构成"仿拟的认知结构"的"要素",不等于揭示了四对要素是如何构成一个相对完整的"认知结构"的,况且这些所谓构成认知结构的"要素"包括了认知语言学许多重要的概念,以此来说明其他类型的语言活动看来也无不可,正如开列了砖瓦木料的清单能说明建多种类型的房子的"要素",但这离开说明房子的"结构"还很远,更不要说要说明某一种建筑式样的房子了。

谐音仿拟的运用必定涉及两个文本:一个是显性的,是通过谐音仿拟而生成的在话语中出现的文本,如(1)的"燃煤之急",这是实际用于交际过程的,本文称为"仿语";另一个是隐性的,是不在话语中出现但是可为交际者感知到的被仿拟的文本,如被"燃煤之急"所仿拟的"燃眉之急",本文称为"原语"。原语是谐音仿语得以出现的先前设定,一般是人们较为熟悉的常见词语;不先设定原语,就无所谓仿拟。下面四例的原语分别是"燃眉之急""半夜鸡叫""联想"(电脑品牌)和"好记星"(英汉电子词典品牌):

[①] 徐国珍:《仿拟行为的认知结构及认知过程》,《语言研究》2006年第1期,第23—26页。

(1) 尽快解决燃煤之急（解放日报，1983年5月3日）
(2) 扰人的半夜"机"叫（"机"指手机）
(3) 连想，都不要想（某品牌电脑广告）
(4) "好记性"不如"英考王"（某品牌英汉电子词典广告）

可以通过"自主—依存推衍"（AUTOnomy-DEPendency derivation）来考察原语和仿语的关系，这是研究谐音仿拟的一个新切入口。自主—依存关系是语言研究经常提到的一对二元关系，语音研究用以研究元音和辅音在拼读时的相互的影响；句法研究用以研究句中谓词（predicate）同谓元（argument）的配价（valence）关系及其对句子生成的影响；认知语言学还以此研究语言识解过程中概念自主和概念依存对认知的影响。按照认知语言学的观点，自主—依存的二元关系可能有两种联结的形式：分解式（segmentation type）和推衍式（derivation type）。（徐盛桓，2006c）分解式指的是由同一个母体（matrix）分解为两个成分，其中一个起主导作用，成为自主成分，另一个是依附于它的，是依存成分，自主成分+依存成分构成原母体，例如一个单音节的语音结构可以成为一个母体，在这个语音结构母体里原音是主导的，辅音是依存于元音的，分别成为自主和依存成分，可表示为：

M = {AUTO + DEP}

推衍式指的是依存成分是由自主成分推衍出来的，自主成分是依存成分的母体，依存成分包含在自主成分这个集内，是这个集中的元素；一个自主成分可以包括若干个依存成分，可表示为：

AUTO = {DEP1, DEP2, …}

DEP1 ∈ AUTO, DEP2 ∈ AUTO, …

在推衍式自主—依存二元联结中，自主成分对依存成分起着主导作用。徐盛桓（2006c）曾指出：当在一定的条件下自主成分的地位确立以后，自主成分就会表现出强烈的主导性，主导着依存成分的形成和运作，甚至在需要的情况下可以达到对依存成分实施"拈连"的地步，即自主成分有可能把本来只是属于自主成分的某些特点、规则、意向、性质或用法等，趁势拈连到依存成分上来，在一定程度上也成为依存成分的特点、规则、意向、性质或用法，而使依存成分可能达到"'袭'非成是"的地步。"袭"在这里指承袭，即承袭自主成分的某些特点等；"'袭'非成是"就是指依存成分受到自主成分的拈连承袭了自主成分的某些特点、规则、意向、性质或用法等，但这样承袭下来的东西对于这些依存成分本来是不合适的（"非"），只不过由于依存成分受自主成分的强烈的主导、规定和支配的影响，这些对于该依存成分本来是"非"的东西也临时被认可、接受，或至少是可以意会的东西，这似乎就成了"是"了。徐盛桓提出的这一点，是推衍式自主—依存二元联结的一个极为重要的特性，这也为研究仿拟提供了一个有用的分析框架。这是因为，从研究仿拟的角度来看，原语是自主的；仿语是依存性的，它总是先预设有一个被模仿的成分存在。没有原语就没仿语，"皮之不存，毛将焉附？"仿语必定脱胎于原语，其运用一般是在某一特定的语境中，并要通过谐音把它所模仿的成分识解（construe）出来，才能更好地显现出它在这一交际场合的特定语义内容和特定语用意义，而且也只有这样才是有意义的或可接受的。例（3）、例（4）分别是某一品牌的电脑和某一品牌的电子词典的广告，仿语"连想"和"好记性"分别先设了另一个词语即另一个电脑品牌名称"联想"和某一电子词典品牌"好记星"原语的存在，或者说它们是依存于这些原语并仿拟这些原语的；这样，"联想"和"好记星"就成为仿语"连想"和"好记性"得以成立和出现的基础。这些仿语在作为电脑广告的语境下（广告不能贬低其他商品）理解成为"'联想'，都不要想""'好记星'不如'英考王'"，这就显现出它们在这一交际场合的特定语义内容和特定语用意义。再如：

(5) 大石化小，小石化了（某治疗肾结石药的广告）

"大石化小，小石化了"是模仿惯用语"大事化小，小事化了"而来；它先设了这一惯用语的存在，"大石化小，小石化了"是依存于它的。尽管"大石化小，小石化了"这一具体的表达本身的语义内容是清楚的、语法关系也是可以成立的，不联系其原语也不是不可以独立运用；但只有在它"还原"出"大事化小，小事化了"并为受话人感知之后才更能显出它的幽默效果，易于记忆，发挥更好的广告作用。原语在交际话语中不出现，但又为仿语所依存，并可在受话人的意识中感知和还原，这使谐音仿拟的运用成为可能。我们据此提出如下"谐音仿拟生成假设"，这一假设是判断谐音仿拟的基本条件。

第二节 谐音仿拟生成假设

原语是隐性的，但它的显著程度应使得交际双方对它都是知道的，表示为 AUTO；仿语是显性的，用于交际话语，表示为 DEP。谐音仿拟的生成要求 AUTO 与 DEP 应具有如下关系：

(i) 在话语 HY 的框架里，HY（DEP）的发音同 HY（AUTO）的发音之相近的程度至少达至能触发从 HY（DEP）联想起 HY（AUTO）的程度；

(ii) HY（DEP）同 HY（AUTO）语义上是相异的；

(iii) HY（DEP）同 HY（AUTO）结构上是相容的，或 HY（DEP）的结构至少是可以临时认可的。

第(i, ii)两点比较清楚，这里简单说一说第(iii)点：
(1) HY (DEP) 同 HY (AUTO) 在结构上的相容，直观地说，是指 HY (DEP) 和 HY (AUTO) 在同一语法结构中都可以出现，相互交换后 HY 还可成立；(2) HY (DEP) 在这一结构中可被临时认可，是指通过原语的"拈连"（详见下文）所形成的临时搭配是可意会的。

第三节 谐音仿拟的分类

谐音仿拟可分为两大类。第一类是 HY (DEP) 同 HY (AUTO) 的结构完全相容。例如：

(6) 扰人的半夜"机"叫

《半夜鸡叫》是高玉宝写的一个曾编入语文教材的故事，"半夜鸡叫"说法的流行显著程度使交际双方对它是熟悉的；它所表示的鸡叫，是故事里那地主的鸡半夜叫起来。"半夜'机'叫"仿拟了这一说法，说的是同寝室室友的手机半夜响起来。"扰人的半夜鸡叫/半夜'机'叫"都是合句法的，两者结构上完全相容。这一类的例子还有如上面的"大石化小，小石化了""燃煤之急"，和"骑/棋（其）乐无穷"（骑马/棋牌游乐场广告）、"奥X金表，一戴（代）添（天）骄""因财（材）施教""坐以待币（毙）""悦（阅）读坊"等。

值得注意的是，仿语尽管同原语在结构上是相容的，但其句法结构可能并不相同，具体内容很可能相去甚远。例如"你来我网"显然是仿"你来我往"而来，但前者是"你到我的网上来"的意思，后者则是两个并列结构。"……财政部从'钱三强'那里拿到的税款拨给了'钱一强'"。① 该文前面说,"中石油"和"中石化"是中国500强企业中的探花(即第三强)和状元(即第一强);"钱三强"即仿"前三强"而来,而钱三强则是一个人们熟悉的名字,这里有趣巧妙的表达增加了话语的可读性。"奥X金表,一代天骄"及其仿语"奥X金表,一戴添骄"都可以说得通,但前者把"奥X金表"比喻为手表中的一代天骄,后者则表示"某人一戴上奥X金表就增添值得骄傲的地方";"悦(阅)读坊"中的原语"阅读"是动词,"悦读"变成了"愉悦地阅读"。第二类是HY(DEP)同HY(AUTO)的结构并不相容,HY(DEP)成了"超常搭配",其结构只被临时认可或只可意会。有些超常搭配不太明显,如"随心所浴(欲)""一旦拥有,别无'锁'(所)求"等;有些超常搭配显得十分明显,例如:

(7)《××县"植'数'造'零'"的闹剧》

这是揭露某县在完成上级布置的植树造林任务中弄虚作假的一篇报道的标题。该县实际上没有种一棵树,却上报了一个可观的数字;"植'数'造'零'"幽默而辛辣地说他们"植"的是"数(字)","造"出来的是不存在的"零"。在一般情况下,"植"和"造"是难于同"数"和"零"搭配在一起的,这是一个超常搭配。由于有"植树造林"这一惯用语的"拈连","植'数'造'零'"就变得可被临时认可,并可以意会。类似的说法如"饮酒(引咎)吃(辞)职""检查宴(验)收""择油(优)录取"等。在这两类的仿拟中,原语与仿语的自主—依存的关系对构成谐音仿拟所起的作用,都来自自主成分对依附成分的"拈连",但在两者中所起的作用不尽相同。

---

① 徐迅雷:《当心政府部门富极无聊》,"搜狐日月谈",2006年9月16日。

"拈连"是修辞学上的辞格之一，指甲乙两类事物连在一起叙述时，把本来只适用于甲事物的词语趁势连用到乙事物上。（参见《辞海》）从修辞学来说，这样的"趁势连用"必定造成乙事物的描写会有异常的地方，例如在"线儿缝在军衣上（甲事物），情意缝进我心里（乙事物）"里，"情意"作为"缝"的对象，这一搭配是不妥当的；但由于前面有"缝军衣"的拈连，将这一合理自然搭配"趁势连用"到"情意缝进我心里"上来，让读者在心理上觉得这样的超常搭配变得可以接受。

第四节　谐音仿拟的认知机制

在谐音仿拟中，其拈连运作的原理同修辞格"拈连"的运用原理是相同的：作为依存成分的仿语先设了作为自主成分的原语的存在，原语在受话人的心理上形成了一个隐性的原语文本，这就有可能使得原语文本的结构或配搭"趁势连用"到仿语的结构和搭配上来。这对于仿语来说可能有两种作用：一种是原语起"临本"的作用，给仿语带来一个人们已经熟悉的"临本"，使仿语在模仿临本中继承了原语在结构、语义、意向或音韵等方面的特点，增添了情趣，增强了表现力；另一种是在这个基础上甚至使仿语某些并不太合理的说法也被"拈连"得可被临时认可或意会了。原语"趁势连用"到仿语，是谐音仿拟生成的重要步骤。因此，作为谐音仿拟的认知研究，主要是找出原语之所以可以"趁势连用"到仿语背后的认知机理。

以"趁势连用"作为切入点，对谐音仿拟认知机理研究主要涉及两个问题：(i) 隐性的原语文本在谐音仿拟生成之初是如何运作的；(ii) 隐性的原语文本又是如何"趁势连用"到显性的仿语中去。这两点是谐音仿拟认知过程的两个阶段。之所以要研究第一个问题，是因为对于说话人来说，如果隐性的原语文本对他不起作用，谐音仿拟就无从谈起，也就不会有什么"趁势连用"；之所以要研究第二个问题，是因为仿语的超常搭配的可接受性是原语的"拈连"带来的，这是加强谐音仿拟的表现力甚至使"说不通"也变得说得通的原因。对于这些问题，我们拟用"自主—依存分析框架"理论进行研究。

"自主—依存分析框架"是把以上的理论资源整合为一个专门分析有自主—依存推衍关系的语言现象的理论框架，大意如下：在一次具体言语交际的话论里，说话人想要表达的意向内容是自主的，称为自主成分；据这样的意向内容推衍出来的话语是依存于它的，称为依存成分。从自主成分推衍出依存成分要以交际的意向性为导向、以相邻/相似关系的认定为主要手段（谐音仿拟则只涉及音的相似关系），自主成分主导着依存成分，并对依存成分发生"拈连"的作用；拈连发生的主要心理基础是通感和通知（谐音仿拟则只涉及听觉的通感）。[①] 图示如下：下面试以这一框架分析上文例（7）中的"植'数'造'零'"来说明上述的两个问题。

关于第一个问题，从意向性来说，说话人想要表示的意向内容是说某县没有种树，却虚报植树的数目，这是在这一具体的表达中的自主成分，记为 AUTO1；意向态度则带有揭露讽刺的意味。据这一自主成分本来是可以推衍出许多显性表述作为它的依存成分的。说话人想要既辛辣又幽默，就想到是否可用仿拟的手段。要用"仿拟"就要找到一个与此相关因而可供利用的惯用语，结果找到"没有'植树造林'"，这是由 AUTO1 推衍出来的依存成分，记为 DEP1。这是第一轮的自主—依存推衍。

显然，DEP1 并不能很好完全表示出 AUTO1 的意向态度的任

[①] 徐国珍：《仿拟行为的认知结构及认知过程》，《语言研究》2006 年第 1 期，第 23 页。徐盛桓：《常规推理与 Grice 循环的消解》，《外语教学与研究》2006 年第 3 期，第 164—170 页。

务，只是为此提供了一个基础，即可以此又作为头脑中的原材料，再推衍出一个能表达出该意向内容和意向态度的合适的显性表述。换句话说，此时是将 DEP1（"没有'植树造林'"）转换成为自主成分，记为 AUTO2，从而开始第二轮的自主—依存推衍。作为如何作出"仿拟"表达的思考，可思考如何将"没有'植树造林'"的内容镶嵌在惯用语"植树造林"的框架里；作为谐音仿拟，这一思路可进一步缩小在与"植树造林"发音相仿的表达上，于是推衍出"植'数'造'零'"作为 AUTO2 的依存成分，记为 DEP2。这是可供应用的显性表述，换句话说，"植'数'造'零'"是对"植树造林"的谐音仿拟，这个生成过程，就是原语文本在说话人头脑中运作的过程。

在该例中，"没有'植树造林'"同意向内容高度相关。但是，作为谐音仿拟的生成，所选用的被仿拟的现成话语的内容也可以同意向内容全无关系，只要这个现成话语能镶嵌进谐音的词语从而将所需的意向性传递出来，如"无胃不治"（无微不至）、"口蜜腹健"（口蜜腹剑）、"'剪'多识广，'报'罗万象"（一谈剪报好处的短文标题，原语为"见多识广，包罗万象"）等均是。关于第二个问题，那么被仿拟的现成话语即隐性的原语文本又是如何"趁势连用"到显性的仿语上去的呢？我们注意到，"趁势连用"之后有些仿拟的表达成了超常表达，但是这并不妨碍人们对它们的接受，这里的机理，是诉诸人们的通感。"自主—依存分析框架"理论将"通感"看作人们能接受自主成分将自己的某些特点"趁势连用"到依存成分上去的认知心理基础。

第五节 通感

通感是人们早已熟悉的，美学、修辞学做过许多研究。心理学和美学所说的通感，指的是不同感官的感觉相通，如听觉和皮肤感觉相通（如"刺耳的叫声"）、视觉和皮肤感觉相通（如"暖/冷色"）。所谓通感，按照我们的理解，并不是真正并存两种实在的感觉，其实是感觉带来错觉，感觉与错觉相通了。这里的感觉指由实体的刺激产生的真实感觉，如真正听到、看到的事物产生的感觉；错觉指这样的感觉又成为刺激产生新的感觉，但错觉的产生是没有真正受到实体的刺激的。如上例，一种是真真正正的感觉，是真正听到叫声、看到颜色后产生的；另一种是错觉，即觉得所听到的叫声尖得刺痛了耳膜、觉得所看的颜色触摸起来是暖/冷的。这样就得到了由感觉和错觉合成的通感："刺耳的叫声""暖/冷色"。应该说，说声音可以刺激皮肤、颜色可以感觉出其温度的表达"刺耳的叫声""暖/冷色"其实都是有感觉和错觉合成的通感作为心理基础，人们早已习以为常罢了。"自主—依存分析框架"理论所说的通感还包括同一感官如听觉或视觉的不同具体感觉的相通①，而在谐音仿拟中则只涉及听觉对相近、相似音响感觉的相通。听觉对相近、相似音响感觉的相通是语言运用中常见的现象，最明显的例子是民间对吉利/不吉利语音的感觉，如春节要吃发菜、生菜、鱼等起源于它们同"发财、生财、（年年有）余"在听觉上有通感；"四—死"则是不吉利语的例子。在听觉对相近/似的音响产生通感的例子"发菜—发财"来说，前者是真正的感觉，后者是错觉；之所以会产生这样的错觉，是因为"发菜—发财"在音响上有相似关系，感觉到前者就会在一定的语境中也感受到后者，这就是错觉；或者说是在原来"发菜"音响感觉的基础上增加了由错觉带来的混合感受；这样"发菜—发财"的音响就在错觉中沟通了。这是通感发生的一般的心理机制。

现在回到"植'数'造'零'"一例。"植'数'造'零'"

---

① 徐国珍：《仿拟行为的认知结构及认知过程》，《语言研究》2006 年第 1 期，第 23 页。徐盛桓：《常规推理与 Grice 循环的消解》，《外语教学与研究》2006 年第 3 期，第 164—170 页。

是由其作为自主成分的原语"植树造林"推衍出来的,但从受话人实际的感觉来说是"植'数'造'零'"。我们在上文的"谐音仿拟生成假设"中说过,原语是隐性的,但它的显著程度应使得交际双方对它都是知道的,而仿语的发音同原语的发音之相近的程度至少能达至可以触发从仿语联想起原语的程度;换句话说,就是在"植'数'造'零'——植树造林"中感觉到前者就会在一定的语境中也感受到后者。这后者就是我们这里所说的错觉。这样就得到了由感觉和错觉合成的通感,从而将"植树造林"的结构特点"拈连"到前者,造成前者可以被临时认为是说得通的,至少是可以意会的了。

感受质的功能可以用通感这一现象来解释,人们能够过模态所激发的通感产生生动的感受质,这与模态相关。很多情况都是令人迷惑的,看到了声音或尝到了颜色就像是隐喻一样。通感是一个人的感觉,如听觉被其他感官知觉所感知到。通感的另一个形式把字母、形状、数字或人们的名字与感知如嗅觉、视觉或味觉联系起来。

通感涉及所有感觉中的任何一种。也有听到的声音产生了嗅觉,嗅觉产生了触觉。所有的感觉结合都是可能的。有一些具有通感的人拥有三种或更多的感觉。通感对每个人来说都是特定的。拥有通感的不同人总是无法在他们的感觉上取得一致。通感具有生理基础。有些科学家认为通感来自大脑的功能。他们假设在通感里,神经应该在感知体系之中,不同的感知体系交叉。有些学者认为人在出生时便有感知体系的交叉了。在一些研究中,婴儿都能对感官刺激有所反映,这就是通感的体现。但到底是大脑的哪个部分涉及通感,大脑边缘的体系对通感的经验有作用。边缘体系包括负责调整我们情感反应,研究都显示出了脑垂体在通感体验中的作用。

对通感的兴趣源于学者们对意识的兴趣。没有人知道到底是什么把我们所有的感觉结合在一起。例如,当我们手握鲜花时,我们看到了色彩、形状,嗅到了味道,可以感受到它的质地。你的大脑尝试着把所有的感知都结合起来形成花的概念。研究这些感觉能帮助我们了解我们是如何感知这个世界的。

关于意识的研究主要是以两件事情为中心的,到底是什么把人类和计算机区分开来的。真正的主观感觉是感受质,以不同形式理解意义也就是意向性。计算机到底具不具有这些特点,这对于人类来说是一个神秘的问题。人类是如何处理意义的?更广泛地讲,可以解释为什么计算机不能处理意义,因为任何句子都可以在不同的语境中隐含各种意义。人工智能所面对的难题必须由人类如何处理相关性来解释。看来我们发现关联的能力与我们认知事物的能力有关,与我们的意识有关。在关联性和意向性之间存在联系,它们都涉及事物的关系。一旦我们解决了意向性的问题,我们就能解释关联的问题。

第六节 感受质与意向性

一 感受质

感受质包括事物看起来、听起来和闻起来的方式,如疼痛的感觉,或者是经验的心理状态。感受质是感官、情感和感知、思想和欲望的经验属性。我们都不能否认感受质的存在。

尽管主观经验的存在不存在争议,主观经验的常识性也存在。经验的现象需要从意向性的、功能性的或纯粹认知的术语来进行分析。

经验的现象可以用因果功能来分析,或是主观经验状态能通过某一特定方式来被认知。感受质的定义是很有争议的一个概念,Dennett认为感受质的本质就是不可分析的、私人的和非物理性的,[①] 但是科

---

① 徐国珍:《仿拟行为的认知结构及认知过程》,《语言研究》2006年第1期,第18页。

学研究却发现感受质是物理性的。

感受质是认识论而不是形而上的概念。很重要的是，感受质不仅仅是物理状态，正如分子能量和电子磁性辐射一样。人类非常热衷于了解自己的精神世界——我们的思想、感情和情绪，甚至是自我都是来自我们大脑的活动。在心智和身体、幻想与现实、物质和精神之间的区别，东西方的认知是不同的。这些差异在哲学家中引起了反响，正如 Sutherlan (1989) 所说，关于意识有很多著作，但是人们对此了解甚少。对该问题的研究应该采用一个新的思路，通过把它当作哲学的、逻辑的或是概念的课题来研究。感受质也是一个实证问题。

在我们的经验中，大多数的神经科学家，甚至是大多数的心理学家都争论过感受质是否存在的问题。对于感受质，很多学者都做过相关的研究，如 Crick 和 Koch[1]，Pat Churchland[2]，Baars[3]，Edelman[4]，Llinás[5]，Plum[6]，Bogen[7]，Gazzaniga[8]，Humphrey[9]，

---

[1] Crick, F. and Koch, C., *The Problem of Consciousness*, Scientific American, No. 267, 1992.

[2] Churchland, P. S., *Neurophilosophy*, Cambridge, MA: The MIT Press, 1986.

[3] Baars, B., *A Cognitive Theory of Consciousness*, New York: Cambridge University Press, 1988.

[4] Edelman, G., *The Remembered Present*, New York: Basic Books, 1989.

[5] Llinás, R. R. and Paré, D., *Of Dreaming and Wakefulness*, Neuroscience, No. 44, 1991, pp. 521–535.

[6] Plum, F. and Posner, J. B., *The Diagnosis of Stupor and Coma*, Philadelphia: F. A. Davis and Co., 1980.

[7] Bogen, J. E., *On the Neurophysiology of Consciousness: Part I. An Overview*, Consciousness and Cognition, No. 4, 1995, pp. 52–62. Bogen, J. E., *On the Neurophysiology of Consciousness: Part II. Constraining the Semantic Problem*, Consciousness and Cognition, No. 4, 1995, pp. 137–158.

[8] Gazzaniga, M. S., *Brain Mechanisms and Conscious Experience*, Ciba Foundation Symposium, No. 174, 1993, pp. 247–257.

[9] Humphrey, N., *A History of the Mind*, London: Vintage, 1993.

Damasio[1]、Kinsbourne[2]。

研究大多数是关于感受质的概念。自我的问题和感受质的问题是一个问题的两个方面。自我实际上来自大脑的活动。这种活动与感受质的功能相联系。感受质具有个人的、主观的和不能分享的属性，只属于个人。实验已经证明感受质被神经体系生成和管理。自我是意识的重要研究课题，自我可以被自动映射到大脑边缘系统的组织里来驱动大脑的执行过程。感受质的问题可以通过意识经验来解释，这是哲学家探讨感受质常用的方法。人类的大脑运作是需要以知识为基础的。

感受质是意识经验的原材料。感受质赋予了人类意识经验的特征。例如，看到红色圆圈，意识经验至少有两种感受质，一种是感知到红色，另一种是感知到形状。哲学家一直认为在心智、物质和精神之间存在着不可逾越的障碍。但是这个障碍是明显的，它的存在是由于语言。实际上，这个障碍是在进行翻译时的障碍。神经脉冲的语言是一种语言，与自然语言如英语是不同的语言。问题是把感受质传达给别人要使用语言作为中介，经验本身就消失在了翻译中。当我们说出红色这个词的时候，我们唤起的是对红色的感受质。

人们使用口语是中介。从原则上来说，人们可以去感受和体验另一个人的感受质。感受质不是特定自我的个人属性，其他个人也能体验到感受质。感受质的作用是什么呢？原则上通过神经作为桥梁，可以体验别人的感受质。感受质是如何进化的？很多人都提出过这个问题，并予以回答。对于感受质的科学表述必须要解释感受质的功能。

感受质是如何出现在进化中的，或是大脑事件是如何拥有感

---

[1] Damasio, A. C., *Descartes' Error*, New York: Putnam, 1994.

[2] Kinsbourne, M., *The Intralaminar Thalamic Nuclei*, *Consciousness and Cognition*, No. 4, 1995, pp. 167 – 171.

受质的？信息处理需要感受质吗？或是神经的种类与感受质相联系吗？Crick[①]指出感受质是在基础感觉领域的神经活动，这些神经活动映射到了脑垂体上。他们也寻找了感受质的生物解释，有学者提出是震荡的同步造成了意识。[②]

感受质的特征是我们未来研究的方向。感受质和不可撤销性之间有联系，但不是必然联系，这是定量的，而不是定性的区别。如果光照进了昏迷的人的眼睛里，如果这个病人昏迷并不深的话，他的瞳孔会收缩，即使他没有任何由光所引起的感受质的主观意识。整个反射是不可撤销的，没有任何的感受质与此联系。

现在可以确定感受质有两个特征：输入时是不可撤销的，输出时有很多选择，表征是开放式的。为了在感受质的基础上进行表征，表征需要在执行过程之前存在。大脑需要缓冲来执行表征，用另外的话来讲，就是工作记忆。这个条件本身是不够的，因为还有其他的原因说明为什么神经体系需要在缓冲中储存一些信息，这也是感受质存在的地方。在一定情况下，感受质和记忆存在联系。

感受质与记忆相关，因为做出选择建立在感知表征的基础上。感受质涉及短期记忆，而且也能够做出选择。映射到脑垂体上的是感受质，显而易见的是脑垂体对选择的执行是很重要的。再来看看与疼痛相联系的感受质。如果某人感觉到被东西刺了一下而退缩，这是不存在感受质的。在几秒钟后可以体验到疼痛才是感受质。这种分离本身就表现出感受质是不可撤销的。感受质隐含

---

① Crick, F., *Visual Perception: Rivalry and Consciousness*, *Nature*, No. 379, 1996, pp. 485 – 486.

② Paré, D. and Llinás, R., *Conscious and Preconscious Processes as Seen from the Standpoint of Sleep-waking Cycle Neurophysiology*, *Neuropsychologia*, No. 33, 1995, pp. 1155 – 1168. Purpura K. P. and Schiff, N. D., *The Thalamic Intralaminar Nuclei: A Role in Visual Awareness*, *The Neuroscientist*, No. 3, 1997, pp. 8 – 15.

了很多意义，但是稳定的、有限的和不可撤销的表征是起点。这在动物身上是不具备的。动物没有感受质，因为它们的认知体系没有人类那么完整和复杂。正如莎士比亚所说的，只幻想一顿大餐是不能填饱肚子的。如果不进食，人只能生成与食欲相关的感受质。感受质通过基因代代相传。

同时，你也可以偶尔地使用记忆表征生成的感受质来做出合适的决定。记忆并不完全能唤起感受质。感受质使得我们可以进行模拟。为什么内部生成的图像或信念都有强烈的感受质。我们可以解释一下。感知需要有感受质，因为它们驱动了选择、决定的行为。信念和内在的图像不应该具有感受质，不能与真实的感知混为一谈。

因为稳定性，感受质不可撤销。意向性派生自感受质，饥饿的感觉是内在的关于食物的，正是在这种关指性中，可以找到意向性的根源。意向性来自感受质，关联来自意向性。当我们看到一页纸上的红色的字时，我们的大脑就获得了光线长度、字母形状和大小的数据。但是，还有其他的很多经验。我们也能够体验红色，这种经验是在单纯的数据收集之上的，计算机在这方面也能做得很好。这种体验到的红色、蓝色、寒冷、噪声、苦涩都是感受质。很难对它们有令人满意的解释，特别是很难用物理学来解释它们。它们都是原始的感觉，我们知道它们存在，因为我们体验到了这种感觉。

感受质的问题一直都是意识研究的前沿，但是在哲学的研究中却乏人问津。这个问题并不是苏格拉底时代以来哲学家们探讨的老课题，感受质能揭露心智工作机制。以前的研究通常讨论的是感受质是否存在，而甚少有研究去解决感受质的问题。

感受质有很多形式。研究感受质主要有三个思路。第一个思路是 Dennett 对于感受质充满的怀疑，他认为没有感受质的存在，感受质是一个错误，只是我们的幻觉。这种思路存在很多问题，人们都有这样的直觉,那就是我们看到红色物体的时候,感受到的东西比其本身更多。第二个思路是解释在大脑中感知的物理过程,希望解释感受质的存在。这种思路对于科学家和工程师来说是特别有吸引力的。哲学家不能解释为什么只有人类才有感受质而机器人没有。纯粹的大脑的物理理论是无法提供答案的。第三个思路是完全接受感受质的存在,这就会导致二元论。

二 意向性

意向性是"关指":词语、图片、符号、信念和欲望。Brentano 认为意向性在物质上是很难解释清楚的,因为它是非物质的。意向性虽然是很难解释的,但对我们来说是非常熟悉的。我们的生活充满了意义和意图及其解释。

意向性的问题是和意义一起出现。例如,语义学的问题是由 Searle 和其他人提出的,你不能仅仅从句法获得意义,这种形式靠操作电脑也能进行。电脑翻译能够将不同语言的词语进行转化,仅仅应用简单的结构和语法,但是很多翻译都词不达意。很难解释的问题是为何人们总能顾物而言它,而且也很难解释人们为何能谈论不存在的事物或是遥远的、虚假的事物。另外我们如何处理奇怪的意向性逻辑也是个问题。

人们从信息理论的角度来分析意向性。某些事件会留下印象,就像留在墙上的阴影或是沙发上的印记一样,这些印象可以被当作造成它们的原因。我们是如何想到那些幻想中的事物,思想只是过往的物体留在我们心智里的印记。

Searle 提出了意向性理论,在他的理论中,意向的话语都有满足条件和适切方向。话语要能与世界相符。在意图的例子中,它们却走向了反面。世界要符合话语,但是在这个体系的中心,还是存在一个问题,那就是意识的作用。Searle 认为意向性必须和生物的特殊属性相联系。主观的状态,如饥饿是关于食物的。这种关指性也有不如人意的地方。很难看出关于神经的数据是如何变成内在意义的解释的。但是，Searle 的观点满足了我们关于意识的本质的直觉，可以使人们想到重要概念如涉身性。

并不是所有意向性的形式都是本质的。据 Searle 所说，我们可以把意向性分为两种，真实的意向性和可能的意向性。有些事物，如在纸片上的词语、路上的标识有意义是因为他们被赋予了意义。例如我们已经决定了使用某一形状来表达某一声音，或是把某一图画阐释为危险。实际上，在大多数情况下，我们已经学会了规约意义，但是我们的思想不是从规约中得到它们的意义，或是从某一特定方式的阐释中得到意义。

Dennett 的观点是把意向性归因于其他人，因为意向性可以帮助我们来预测其他人的行为。Dennett 考虑了更简单的解释策略，但是我们会把意义考虑作一种社会规约，这种思路对其他人来说是可以说得通的。社会规约是 Grice 理论的核心，他发现了两种意义：自然和非自然。自然意义即表达自然联系的意义。如果人的脸上出了水痘，我们可以看出病因。用另外的话来讲，水痘意味着麻疹。非自然意义是话语的意义，人们通过话语意图表达某种意义。Grice 提出如果听话人识别了说话人想要表达 A 的意图，那么 A 就被表达了。如果我识别出你想要让我知道猴子在桌子上，我识别出你的意图，你是想让我知道猴子在桌子上。因此你的交际意图被成功地表达并被识别了。Grice 自己并不是特别想要分析意向性。他更关心的是发现使得会话可以有效进行的隐含规则。

从认知语言学的视角，用"基于心理模型的常规推理"理论指导下的"自主—依存分析框架"，研究过去主要在修辞学研究的谐音仿拟。心智哲学中的感受质、意识和意向性给谐音仿拟的研究带来了新的发展。谐音仿拟基于通感，而通感产生于感受质。感受质也是意向性的基础。感受质与意向性构成了意识的两个核心问题。

第六章

心智哲学与幂姆

第一节 幂姆的定义

"幂姆"是英国学者 Rechard Dawkins 于 1977 年出版的专著《自私的基因》(*The Selfish Gene*)中提出来的一个概念。庄锡昌等摘译了该书的部分章节,译文的标题是"觅母:新的复制基因"。[①] Dawkins 从达尔文的进化论观点出发,首先说明有机体是以基因(gene)作为遗传的机制的,"一切生命都通过复制实体的差别性生存而进化";他进而说明文化传播则通过幂姆的自我复制得以实现,即幂姆通过模仿在人群当中传播,这就是幂姆的"繁殖",从而实现文化的传播。

根据 Dawkins,"词义、概念、妙句、时装、制锅、建筑"等,都是幂姆。由此可见,幂姆可大可小,大至一幢建筑的式样,小至一个词的妙用;可视的如时装,抽象的如下文提到的达尔文主义。上面所列举的事物可以具体化为一个个学说、观点、思想、习俗、喜恶、风气、行为方式、言辞表达等,从一个个体人的头

---

① 庄锡昌等主编:《觅母:新的复制基因,多维视野中的文化理论》,浙江人民出版社 1987 年版,第 135—151 页。

脑或言行中传到另一个个体人的头脑或言行中，从一代人传到另一代人，从一个地区传到另一个地区，实际上它就是充当了思想和文化传播的载体。

Dawkins 认为，幂姆是以实在的形式存在的。他举例说，达尔文的进化论这种学说，它作为一个幂姆，就是一切认识达尔文理论的人头脑中关于达尔文主义理论的共有概念；但在不同人的头脑里若有不同的认识，如甲对某达尔文主义理论的认识为 A，乙的认识为 B，这就成了两个幂姆。

Dawkins 在书中不同的地方分别谈到过幂姆的特性。他在谈到幂姆是一个有"生命力"的结构时，曾论述了幂姆的两种特性：稳定性和渗透性（penetration）。在另一个地方，他又更详细地阐述了幂姆的另外三个特性：长寿命、生殖力和复制能力。根据我的认识，Dawkins 提到的这些特性，可以这样来把握：幂姆在传播当中不断按照它相对稳定的性质和特征被复制，并向着"他者"渗透，使这个幂姆具有"长寿命"的"繁殖"能力。例如，唐朝诗人常建在灵岩寺先写了两句诗，期待另一位诗人赵嘏来游灵岩寺时看见后会即兴将后两句补上。这一逸事以四字成语"抛砖引玉"加以概括，就成为一个幂姆，从唐朝一直流传至今；也就是说，它从一千多年前的唐朝起，就在一切或详细或粗略地知道这一逸事或听说过这一成语的人的认识中繁殖，成为他们头脑中的一个共有的概念，一直到今天仍然"活"着，用以表示较粗浅的意见或文章引出较高明的意见或文章之意。他们在写文章或说话中不断加以复制，除了直接复制为"抛砖引玉"之外，还可能因行文等原因有所改变，如说成"引玉之砖""我的用意是把'美玉'引出来"等；在流传过程中，还可能发生其他的变化，例如，有人在提到两位名家的先后发言时，他可能会说，"他们两位可以说是以玉引玉"。这些都是同一个幂姆的变体。但请看毛泽东曾举过的一例：他说"对牛弹琴"原是用以比喻听话人达不到所要求的水平或修养,但若放进了尊重听者的意思,反过来就可以用以揶揄说话者说话时不看清楚对象,瞎说一气了;这样,前后两种用法就发生了变异,成为两个幂姆。再如,"前仆后继"有人根据行文意思的需要戏说成"前腐后继";"走马观花"也因行文意思的需要说成"下马看花"等,都是幂姆发生了变异的例子,成为新的幂姆。但是,尽管发生了变异,原来的幂姆的"影子"还在,有关变异中的"牛、琴""马、花"等的说法,还是很大程度上与原来的幂姆一脉相承的;这有点像基因,尽管某一基因发生了变异,但变异前后的基因不会是毫无联系的,后者一定或多或少地继承了前者的特征和性质。这是幂姆复制过程中不同程度的排他性的表现。根据以上的认识,我们试将幂姆的特性揭示如下:

(一)具有复制能力,这一特性的实质可以用 Oxford English Dictionary 对 meme 的解释来说明: an element of culture that may be considered to be passed on by non-genetic means, esp. imitation,这里所说的模仿就是"复制",就是某一成为幂姆的观念、观点、思想、习俗、风气等通过人们的模仿而得以"遗传"。

(二)具有长的延续性,即可以世代相传。

(三)具有继承性,即观念、观点、思想、习俗、风气等在传播过程中会因其惯性使有关的幂姆在相当大的程度上维持其原来的某些特征和性质,即使发生了变化或变异也不会完全与原来的幂姆无关。

(四)具有变异性,即在传播过程中因时空的变迁而发生模仿过程中的调适变迁,原来的性质发生了大的变异。

正是这四种特性,使幂姆可以在文学作品的互文性研究中成为一种可供考虑的手段。

这里还要说一说我们将 meme 译为"幂姆"的一些考虑。据 Dawkins 说,他之所以将他所提出来的这种文化传播/"遗传"的因子表示为 meme,是出于如下的考虑:他说,meme 来源于希腊词根 mimeme，同英语的 memory 和法语的 mème（同样的）有关；Dawkins 还说，他希望这个概念能引起人们对 gene 的联想，希望同 gene 的发音相仿，因此要单音节。国内的学者对 meme 有过多种的翻译，如"谜米""模因""觅母"等。这些译名都有各自的长处，但有些音译所选的音译词却容易让读者对原来的概念产生这个概念原来没有的联想；有的看来是意译，但似乎难近原意。为避免这些问题，我们采用了不会产生意义联想的音译法。

第二节　语篇与幂姆

互文性是语篇作为一种交际形式的一个基本特征。Barthes 认为，每一个语篇都具有互文性，因为每一个语篇都可能是另一个语篇的互文[①]，亦即每一个语篇，口头流传的或书面流传的，都有可能化用另一语篇或为另一语篇所化用；一个语篇通过对另一（些）语篇的重复、模拟、借用、暗仿等，有意识地让其他语篇向本语篇产生扩散性的影响，这有点像著名诗人 T. S. 艾略特以调侃的口吻所说的，"小诗人借，大诗人偷"。（卡尔·贝克森和阿图尔·甘茨：《文学术语词典》）换句话说，当我们讲一个语篇的互文性，就是指它作为一个语篇同它所引用、改写、吸收、扩展，或在总体上加以改造的其他语篇之间的关系，只有依据这种关系才可能真正全面地理解这个语篇。从幂姆论的角度看，一个语篇的某一部分被另一个语篇化用、改写、吸收、扩展，或在总体上加以改造，就是一个幂姆；化用、改写、吸收、扩展等就是对它不同情况的复制。

[①] Barthes, R., From Work to Text, In J. V. Harari (ed), *Textual Strategies: Perspectives in Post-structuralist Criticism*, London: Methuem and Co Ltd., 1979, p.77.

一般认为,关于互文性,有代表性的看法有两种:狭义的以 Genet 为代表,认为互文性指一个语篇与可以证明是存在于此语篇中的其他语篇之间的关系;广义的以 Barthe 和 Kristeva 为代表,认为互文性指任何文本与赋予该文本意义的知识、代码和表意方式之总和的关系,而这些知识、代码和表意方式是一个潜力无限的网络。从文学作品的互文性研究出发,我们采用以下一个有比较广泛认同基础的定义:互文性指"一个语篇中出现的融汇(merge)其他语篇的片断这样的现象,而这(些)片断在该语篇中可能被明确认出,或者是被吸纳(assimilate)其中;该语篇可能认同这一(些)片断,也可能表现为相拒而作出揶揄性的回应"。[①] 这一定义实际上是认同了 Genet 的狭义说,但事实上文学作品的互文性又不能完全摆脱 Barthes 和 Kristeva 他们所说的那个"潜力无限的网络"。

在文学作品的互文性研究中,我们还要区分可能存于"一个语篇与可以证明是存在于此语篇中的其他语篇之间的关系"中的两种情况:(1)只要在一个语篇中出现了另外一个语篇,就出现了互文,头一个语篇就具有互文性;(2)仅指语篇的化用。我们参照上文所引的 Fairclough 的定义中的"融汇""吸纳"等的词语,倾向于认为,文学作品所说的互文性,以指某一语篇对另一语篇的化用较为适宜,而不是指把另一语篇作为事实所作出的事实性的报道。例如,某一语篇报道某人在演说中(演说也是一个语篇)说了什么,这是向读者提供某人发表了什么见解的信息,这只是将某一语篇(演说)的出现作为一个事实加以报道,同在新闻中报道拍了一个关于什么的电影、某书的出版、某人到来访问这样的事实是一样的,这不是本文研究的互文性现象。所谓化

[①] Fairclough, N., *Discourse and Social Change*, Cambridge: Polity Press, 1992, p. 84.

用,是指在该语篇中对被化用的语篇作同向或非同向的引用、显性或非显性的吸纳,被化用的语篇同该语篇的行文或主旨具有或多或少的相关性,而且更重要的是两语篇织体的肌理(texture)相互缠绕。请看以下两例:

(1) 前度刘郎重到(访邻寻里,同时歌舞。唯有旧家秋娘,声价如故)。(周邦彦《瑞龙吟》)

(2) [周邦彦]……初回京师时写的《瑞龙吟》一词,从"人面桃花"的陈旧爱情故事里,翻出"前度刘郎重到"的新意,寓有人世沧桑,宦海升降的深沉寄慨,即所谓"以身世之感打并入艳词"。(蒋哲伦《周邦彦选集·前言》)

例(1)是周邦彦(1056—1121)词(以下词均摘自周词)。"前度刘郎重到"一句,是化用了刘禹锡(772—842)的"[种桃道士归何处,]前度刘郎今又来"(《再游玄都观绝句》)句入词,用刘禹锡的遭遇比况自己,无论是内容上的主旨意趣,还是形式上的行文织体,刘句已经化入了周词,一气呵成,完全糅合在一起了;周词的语句不但部分地产生于刘诗,而且也只有理解了刘诗"前度刘郎今又来"的背景和深意(两次被贬返回京都后有感而作),才有可能真正读懂周词(周也是从京师外调庐州后重回京师后作)。例(2)也有"前度刘郎重到"句,但那是说周邦彦曾经写过这个句子,用以介绍周邦彦的生平和创作,是一种引文,并不是将周句融汇到文章的织体里。前者是本文所研究的文学作品的互文性现象,后者不是。

互文性要以两个(或以上)语篇存在为其条件,以前存在的一个语篇被不同程度地化用了,这才产生互文。不同程度地化用,也就是不同程度地复制;这样,从幂姆论的视角来看,互文性的实际运行,就表现为幂姆以不同的程度和不同的方式进行复制。

被化用的语篇中被化用的部分就是一个或若干个幂姆,由化用的语篇进行复制,从而在新的语篇中进行繁殖,获得了新的生命。在互文性现象中可以非常充分地体现幂姆的存在和被复制,幂姆是互文性得以发生的酶原。

互文性的作用是什么?从语用学的观点来审视,互文性就是一个语篇借用另一个语篇来实现自己(部分的)言语行为,因为语篇的表达就是言语行为。言语行为理论认为,任何言语行为都是为实现一定意图的。从意图表达的策略来说,可以是直白的,也可以是迂回的;用复制幂姆的方式,借别人的口来说自己的话,就是迂回表达的一种方式。因此,互文性研究的一个重要方面,就是研究说话人如何在语篇中借互文性来传递自己说话的目的意图。说话意图的一个重要体现是含义。根据我国新 Grice 理论的研究,含义可分意义含义和意向含义。[①] 意义含义由具体的语义内容体现;意向含义从方式原则推导,除了有具体的语义内容以外,还可以体现出说话人据即时语境、惯例语境或文化语境而寓于话语里的社会学、美学、文体学、修辞学、心理学等诸方面的意向,更为隐性地隐喻了说话人的交际意图。如果说在语篇中出现的互文性主要是为了让说话人借互文传递自己说话的意图,那么,这里的意图也应包括了这两方面:意义性的和意向性的。

互文性所实现的这两方面的意图的传递,是一种"场"效应。这里的"场"就是化用和被化用的语篇相互作用所存在的语篇空间,我们分别称为意义互文场和意向互文场。互文性在语篇里的展开,就是通过这样的互文场实现的。无论是意义互文场还是意向互文场,为了体现有关的意义或意向,都会牵涉下面三个方面:互文场是如何和在多大程度上表现出互文性的存在;互文场是如何和在多大程度上支持了被化用的语篇的维持或变异;互文场是

[①] 徐盛桓:《论意向含意》,《外语研究》1994 年第 1 期,第 1—6 页。

如何和在多大程度上对被化用的语篇的解读产生影响。第一个方面实际上是要研究幂姆在互文性实现的过程中在新语篇中是如何被复制的；第二个方面是要考察幂姆在互文场中的运作；第三个方面涉及在实现互文性过程中幂姆如何在新语篇中发挥作用。研究幂姆与互文性，可以从这三个方面展开。试考察下面两个例子：

（3）大堤花艳惊郎目，秀色秾华看不足。（《玉楼春》）
（4）素肌应怯余寒，艳阳占立青芜地。樊川照日，灵关遮路，残红敛避。传火楼台，妒花风雨，长门深闭。亚帘拢半湿，一枝在手，偏勾引，黄昏泪。另有风前月底，布繁英，满园歌吹。朱铅退尽，潘妃却酒，"昭君"乍起。雪浪翻空，彩裳缟夜，不成春意。恨玉容不见，琼英谩好，与何人比！（《水龙吟·梨花》）

《玉楼春》化用了南朝梁《清商曲·襄阳乐》句："朝发襄阳城，暮至大堤宿。大堤诸女儿，花艳惊郎目"；此外还有白居易（772—846）的《和梦游春》："秀色似堪餐，秾华如可掬。"这里的复制很明显，用复制的词语加上作者自己的词语共铸一首新词形成互文场。在这个互文场里，在字面上就可以看出，明显地套用了《襄阳乐》和《和梦游春》。这除了在意义上表示对《襄阳乐》所说的"[襄阳]大堤诸女儿，花艳惊郎目"的认同以外，在意向上似还要巧妙地点明地点；同时，在自己的作品中明显地套用了以地名襄阳作题目的词曲，也隐约透露出作者对这个地方的兴趣和好感，渲染了亲和力。白居易的"秀色似堪餐，秾华如可掬"已经成为赞美女性美貌的传世名句。这样的同向的明显复制，大大加强了化用语篇对当地女性美貌赞美的表现力。

《水龙吟·梨花》通篇将许多典故作为幂姆加以复制，同其他一些词语一起，着力渲染梨花开在三月风雨的季节和梨花的洁白；

但"若通篇只说花之白,则凡是白花皆可用,如何见的是梨花?"(宋沈义父《乐府指迷》)所以这些幂姆又是要同"梨树/梨花"有一定关系的。以词句出现先后为序,至少有:

"樊川照日":《艺文类聚》所引之《三秦记》云:"汉武帝园,一名樊川,一名御宿,有大梨如五升瓶……"

"灵关遮路":谢朓(464—499)《谢隋王赐紫梨启》提到梨子"出灵关之阴"。

"长门深闭":刘长卿(?—789)《长门怨》云:"何事长门闭,……梨花发旧枝"。又,秦观(1049—1100)《鹧鸪天》词云:"欲黄昏,雨打梨花深闭门"。

"一枝在手":白居易(772—846)《长恨歌》句"玉容寂寞泪阑干,梨花一枝春带雨"。

"黄昏泪":见"长门深闭"的说明。

"满园歌吹":白居易《长恨歌》:"梨园子弟白发新"。("梨园"事可见《新唐书·礼乐志》:"玄宗既知音律,又酷爱法曲,……选坐部伎子弟三百人,教于梨园"。)

"'昭君'乍起":陈元龙注《详注周美成词片玉集》引东汉蔡邕《琴操·昭君歌》云:"梨叶萋萋其叶黄"。

"恨玉容不见":见"一枝在手"的说明。

先从内容来说,如果说《玉楼春》的互文是明显套用的例子,那么例(4)却要仔细欣赏,才可以发现上述幂姆化用之妙以及领会里面化用的旨趣。这是一种很有趣的互文现象,不管被化用的原作品原来说的是什么内容,表现什么主旨,只要句中曾提到了"梨"或同"梨"有关,就会被化用来暗示"梨树""梨花",例如从"满园歌吹"隐含玄宗教歌于"梨园"的典故,再从"梨园"又暗以转指"梨",通过如此转折隐晦的暗示才得其妙用。为什么要用"暗示"？原来作为咏物词，自古以来所讲究的技巧是"咏物最忌说出题字"（沈义父《乐府指迷》）；正如沈义父说，周邦彦在词中咏梨花，"何尝说出一个'梨'字？"这样的技巧的运用，将这些语篇融汇得如此天衣无缝而全都暗指一个"梨"字，真不愧大词家的美誉。如果说"借"是明"偷"是暗，这正好印证了艾略特所说的"大诗人偷"。有关语篇的作者对于他们的词句会为后世的周邦彦"偷"来作为暗示"梨花"的幂姆而复制，会发生这样的变异，大概也是他们始料未及的吧！这里许多被化用的语篇原来并不是描述梨树梨花的，只是为了表现某种感情而提到了梨花，例如"黄昏泪""玉容不见""长门深闭""一枝在手""满园歌吹""昭君乍起"等句所引的都是。"欲黄昏，雨打梨花深闭门""玉容寂寞泪阑干""梨花一枝春带雨"等作为幂姆，在这里已经发生了变异，但为什么在这里提到"黄昏泪""一枝在手"等，就可以"不言而喻"地理解为暗指梨树梨花呢？这是互文场在起作用：互文场里各被化用的语篇相互作用，营造了一个把语义都指向这些被化用的语篇所提到的"梨树/梨花"的语篇环境。

再从行文来说，无论是《玉楼春》还是《水龙吟·梨花》，化用和被化用的语篇缠绕在一起，生成了新的语篇织体的肌理，组成了一个你中有我我中有你的互文场，似乎要人看不出引用的痕迹。不着一字，尽得风流，这正是这样的互文场带来的影响。例如，在《水龙吟·梨花》中，为了能够使化用和被化用的语篇缠绕在一起，由于上文有"艳阳［占立青芜地］"一说，接下来一句提到同"梨"有关的御花园"樊川"，就同"照日"搭配在一起，说樊川园沐浴在阳光中。从这里可以看到这一互文场对化用和被化用的语篇的影响。

综上所述，可将幂姆同互文性关系的讨论小结如下：可将幂姆看成互文性发生的酶原；幂姆的复制形成互文场；复制幂姆可作为文学作品的语篇表达交际意图的一种手段:寄寓意义和寄寓意向;幂姆的复制可以分出两大类:幂姆的维持与变异;幂姆的复制还可用明显或暗含的方式。我们将据此展开以幂姆为手段对文学作品的互文性研究。

我们在上文说过,幂姆具有可复制性、可相传性、继承性、变异性这四个特点,这使通过幂姆的复制来实现互文性时,幂姆复制的状态可以有维持或变异、同向或非同向、显露或暗含等多种情况。考察这些情况可以作为考察文学作品互文性表现力的一些维度。参考艾略特"小诗人借,大诗人偷"的形象的说法,无论是"借"还是"偷",都可能是具有很好的文学表现力的,但一般来说,暗"偷"比明"借"要求化用者有更巧妙的匠心,化用和被化用语篇之间较大的对比所形成的大的张力可以诱发读者更大的想象空间,而所形成的互文场也会因而使得新语篇更耐人寻味。

第三节 幂姆的四种类型

根据初步的思考,被化用语篇的文句或内容作为幂姆被复制时表现出维持或变异、同向或非同向、显露或暗含等各种情况,大体可以体现为以下四种类型:仿照、压缩、另铸、移就。德国学者 Wolfgang Iser 认为,互文性的发生可能包含三个层次:第一,选择本语篇外的典故、话语、传统等进行联系;第二,吸纳这些外部内容,化用在本语篇内组织语义表达;第三,通过仿照、重新安排或改变原来的话语等,编织成包括化用和被化用的语篇在内的新语篇。[1] 上面提到的这四种形态都是互文性发生的三个层次

---

[1] 王逢振:《今日西方文学批评理论》,漓江出版社1988年版。

相互作用、相互影响的结果。一般地，从趋势上来说，这四种形态，从左到右是从维持向变异发展、从显露向暗含演变。

仿照［（I）mitation］是对幂姆最大限度的维持性的复制，同化被同化的有关话语应是同向的，化用是显性的。压缩［（C）ondensation］也是维持性的复制，只是不是逐字逐句的复制，而是将一个幂姆压缩为几个字。另铸［（R）e-organization］是将幂姆相对较长的内容作为一个典故，重新组合为几个字，铸造出一个新表达。移就［（D）isplacement］是利用幂姆已有的说法来"将就"新的语篇，这已向着变异和暗含演变了。下面举一些例子，(I)、(C)、(R)、(D)分别表示仿照、压缩、另铸、移就。

(5) 何况怨怀长结，重见无期。想寄恨书中，银钩（I）空满；断肠声里，玉箸（I）还垂。(《风流子》)

(6) 低鬟蝉影动，私语口脂香。(I)（《意难忘》)

(7) 追念倚窗人，天然自，风韵娴雅。竟夕起相思，谩嗟怨遥夜（I）。(《塞垣春》)

(8) 故乡遥，何日去？家住吴门，久作长安旅（I）。(《苏幕遮》)

(9) 荆江留滞最久，故人相望处，离思何限！渭水西风，长安乱叶（C），空忆诗情宛转。(《齐天乐》)

(10) 宾鸿（C）漫说传书，算过尽，千俦万侣。始信得，庾信愁多（R），江淹恨极须赋（R）。(《宴清都》)

(11) 吟笺赋笔，犹记"燕台"句（R）。知谁伴，名园露饮（C），东城（R）闲步，事与孤鸿去（I）。……断肠院落，一帘风絮（D）。(《瑞龙吟》)

(12) 信流去，想一叶怨题（R），今在何处？(《扫花游》)

(13) 遥知新妆了，开朱门，应自待月西厢（R）。最苦

蒙魂，今霄不到伊行。问甚时却与，佳音密耗，寄将秦镜，偷换韩香（R）。（《风流子》）

(14) 前村昨夜（R），想弄月，黄昏（R）时候。孤岸峭，疏影横斜（R），浓香暗沾襟袖。尊前赋予多才，问岭外风光（R），故人知否？寿阳（D）谩斗，终不似，照水一枝清秀，风娇雨秀。好乱插，繁花盈首（R）。须信道，羌管（D）无情，看看又奏（R）。（《玉烛新·早梅》）

上例（3）《玉楼春》对《襄阳乐》有关词语的复制是仿照很好的例子。再如"低寰蝉影动，私语口脂香"：两句分别全引元稹（779—831）"低寰蝉影动，回步玉尘蒙"（《会真记》）和顾复《甘州子》："山枕上，私语口脂香"。元顾的这些句子，在文学史上是有名的艳词，复制这些幂姆所得来的意境，同《意难忘》语篇一起，营造了一种细说情意绵绵的语境。例（11）《瑞龙吟》"事与孤鸿去"：杜牧诗《题安州浮云寺楼寄湖州张郎中》句"恨如春草生，事与孤鸿去"。在《西平乐》中，周邦彦还有"叹事逐孤鸿尽去"句；周邦彦在该词的"序"中云："感叹岁月，偶成此词"。这些都可以看出复制此幂姆的话语意图。此外还有例（5）"银钩空满"和"玉箸还垂"。"银钩空满"："银钩"指字，西晋索靖（239—303）所著《草书状》论草书有云："盖草书之为状也，宛若银钩，漂若惊鸾"；索靖说自己的字是"银钩虿尾"。"玉箸还垂"："玉箸"指泪。南朝梁孝威诗云："谁怜双玉箸，流脸复流襟"。例（7）"竟夕起相思，谩嗟怨遥夜"是仿制张九龄（678—740）的名句"情人怨遥夜，竟夕起相思"。还有一些仿照是仿被化用语篇的句式口气，这样的互文场能唤起对被化用的语篇的联想。如例（8）是仿苏东坡（1037—1101）的《醉落魄》："家在西南，常作东南别"。例（9）渭水西风，长安乱叶据贾岛（779—843）《忆江上吴处士》"秋风吹渭水，落叶满长安"诗句压缩而成。例（10）"宾鸿"，据《礼记·月令》"季秋之月，……鸿雁来宾"压缩。例（11）"名园露饮"："露饮"指露发痛饮，见沈括（1031—1095）《梦溪笔谈》云：石曼卿（延年）"每与客痛饮，露发跣足"。压缩造成的互文场其作用与仿照同；之所以要压缩，可能是为了行文需要或文字略微翻新。例（10）"庾信愁多，江淹恨极须赋"：庾信有《愁赋》，江淹有《恨赋》，故得此句。这是"另铸"的例子。例（11）"犹记'燕台'"句：据李商隐（813—858）《柳枝五首并序》，李曾写"燕台"诗，妓女柳枝读后爱上李，但后离李他去；"东城闲步"："东城"事见杜牧诗《张好好》并序，杜牧最初见美貌女子张好好于江西，几年后重见于洛阳东城，人事已非，感旧伤怀，题诗赠之。周词两句话用这两事，均意谓记起自己在京师也有过此类事发生。例（12）"一叶怨题"，是据唐人卢渥在御沟捡到一片题诗红叶事重铸。例（13）"应自待月西厢"句指等待与心上人幽会，语据元稹《会真记》崔莺莺给张生的诗"待月西厢下"；秦镜、韩香均指代情人赠送的信物，"秦镜"之说来自汉秦嘉赠妻以镜的逸事，"韩香"之说来自晋韩寿身上散发出他的情人送他的香料的香气。例（14）更是通篇都是据典故重铸的新语："前村昨夜"来自前人《早梅》的诗句"前村深雪里，昨夜一枝开"；"疏影横斜"剪裁自林逋《山园小梅》名句"疏影横斜水清浅，暗香浮动月黄昏"；"岭外风光"用《六帖》中句"大庾岭上梅"；"好乱插，繁花盈首"用杜甫《苏端薛复筵简薛华醉歌》"安得健步移远梅，乱插繁花向晴昊"句。这些说法，都是用以指"梅"。这样的重铸，是为了言词的锤炼。《乐府指迷》说：写诗词"炼字下语最是要紧"，要说"桃"咏"柳"，不可直说破桃柳，而分别可用"红雨""章台"等。所以这里说等待与心上人幽会、情人信物、梅等，均不直说。在我国的文化宝库里，已经流传了许许多多这样的从历代典籍中提炼出来的幂姆可供化用。融入这样的幂姆所建立起来的互文场可以营造一种典雅精炼的文风,并表现出作者的文采。当然,头脑清醒的作家在引用这样的幂姆时会注意避免陈词滥调。

上面例(4)《水龙吟·梨花》的许多用例,是"移就"很好的例子,不重复。另例(11)"一帘风絮"借用东晋才女谢道蕴事:其叔谢安问"雪"何所似,安侄答曰:"撒盐空中差可拟",谢道蕴曰:"未若柳絮因风起"。但周此词"风絮"移指柳花(上文有"官柳低金缕"句)。例(14)因寿阳公主梳理有名的"梅花妆",故用寿阳移指梅花,因有《梅花三弄》曲而用羌管移指梅花,都是"移就"的例子。

第四节 幂姆与随附性

幂姆为什么具有这样的复制力呢?这可以从心智哲学的随附性中去寻找解释,我们要研究心理现象如何依赖于我们身体和生理特征。哲学家们常常把随附性识解为不同种类属性之间的关系。一种类型的属性随附在另一组属性之上。正如 David Lewis 所讲的那样,一种属性不改变,另一种属性也不会改变。① 随附性在心智哲学中是一个重要的概念。

一组属性是否随附于另一组属性最好通过两组属性的本体关系来理解。特别是,一组属性是否完全地依赖于另一组属性。假设两个人有着不同的道德属性,但他们外在的、潜在的行为是相似的。也就是说,假设一个人的道德特征并不随附于他的行为特征之上。那么,我们可以得出结论就是前者不仅仅依赖于后者。

有一组属性是 F 属性所随附的,F 属性可能是道德的、心理的、美学的、经济的或其他任何高层级的属性。然后,我们试着

---

① Lewis, D., *The Plurality of Worlds*, Oxford: Blackwell, 1986, p.14.

去发现F属性是如何依赖于G属性的,如行为的、生理的、神经的或内在的属性。到底是以什么方式随附也是我们要考虑的一个问题。随附性是一种依赖关系还是因果关系、是构成关系还是同一的关系,也是值得探讨的问题。

如果一座雕像有很多内在的特征,包括它的形状、密度、纹理和构成的物质特征。它也有各种美学属性如美丽、优雅、高贵和富于表现力。毫无疑问,雕像的美学属性是它的内在特征的外在表现。雕像的美学属性随附于其物质特征。假设有一件艺术品与另一件艺术品相似,是另一件艺术品的复制品。如果这两件艺术品的内在特征完全一样,它们的美学价值是否也完全一样呢?艺术品的美学价值随附在内在特征之上,除非内在特征的变化造成了美学价值的改变。只要是内在特征一样,美学价值就一样。

如果艺术品的美学属性随附在内在特征之上,我们可以了解前者是否与后者一致,或者前者是否与后者完全一样。它们之间的关系是否是依赖关系、因果依赖关系或构成关系。我们可以得出的结论是物体的美学特征不会随附于内在特征之上。也就是说,如果两件艺术品尽管内在特征相似但美学价值不同,那么我们就得出结论:这些美学属性至少部分是物体与外界事物之间的关系。我们从随附性的角度,假设艺术品所处的环境中产生了很多变化,如不同的产地、不同的历史环境、不同的评判标准、不同的大众品位。这些变化可以帮助我们决定艺术品的美学特征是否变化,直到我们把美学特征所依赖的环境特征分离出来,物体的美学特征随附于它的内在属性和外部特征。

随附性的概念决定一组属性是否依赖于另一组属性。另一个探讨的话题是心理内容。人们的心理内容在很大程度上依赖于个人的内在特征,在于大脑的状态和大脑与身体其他部分的因果关系,包括感觉器官和四肢,但是人们心理状态的内容不完全依赖于内在的属性。我们需要考虑两个完全相同的人,他们的心理状态的内容是不同的。Hilary Putnam[①] 和 Tyler Burge[②] 做过实验，证明两个内在完全相同的人的心理状态的内容会不同。

Putnam 想象出了另一个地球，与我们身处的地球完全一样，除了在另一个地球上的水的构成和地球上的水不一样。那么你对于水的认识，看来就与在另一个地球上的和你一模一样的人对水的认知不一样。这是由于思想所指向的水不一样。同样地，Burge 表现出了在语言实践中，环境的不同会导致词语的关指不同。例如，另一个你在另一个可能的世界中对于关节炎这个词的认知内容因为环境的不同而有所不同。像这样的例子看来是显示出人们的心理状态不能仅仅随附于人们的内在属性，还要随附于包括人们所处的环境在内的一组属性。

Putnam 和 Burge 并没有使用随附性来解释一种属性的不同导致另一种属性的不同，但这个概念被他们用在了学术著作中。Davidson 在 Mental Events 里使用了随附性，才使得这个术语在心智哲学里被广泛采用。Davidson 否认有心理规律存在，他承认了心理特点在某种意义上是依赖于生理特点的。这样的随附性就意味着两个在物理属性上完全相同的事件在心理方面也是相同的，或者说在心理方面的任何改变是不能引起物理方面的任何改变的。[③] 在 Davidson 的论文出现后不久，关于非还原性的物理主义成为随附性的主要焦点，成为心智哲学的焦点。因为心理的功能描述和多种

[①] Putnam, H., Meaning and Reference, *The Journal of Philosophy*, No. 70, 1973, pp. 699–711. Putnam, H., The Meaning of Meaning, In K. Gunderson (ed.), *Language, Mind, and Knowledge, Minnesota Studies in the Philosophy of Science*, No. 7, 1975, pp. 131–193.

[②] Burge, T., Individualism and the Mental, *Midwest Studies in Philosophy*, No. 4, 1979, pp. 73–121.

[③] Davidson, D., Mental Events, In L. Foster and J. W. Swanson (eds.), *Experience and Theory*, Amherst, MA: University of Massachusetts Press, 1970, pp. 79–101.

实现，也就是说同样的心理属性可以通过不同的物理、化学事件来实现。在过去这几十年中，心智哲学中占主导地位的观点是认为心理属性与神经属性或自然科学中的属性不一样。

但是，很多拒绝心理属性的人们也支持物理主义关于心理的观点，所有的心理现象都包含着物理现象。心理属性与物理属性是不同的，它们只依赖于物理属性，也就是说它们随附于物理属性。心理和物理的随附观点都抓住了物理主义内容的核心，那就是对心理的研究在于随附性是如何被准确理解的。只是说没有生理差别的心理差别是不能把这样的现象解释清楚的。在心智哲学中关于随附性的文献很多都是为了对随附性进行准确的解释，有很多文献都讨论了随附性关系。John Haugeland曾经说过所有的属性都随附于物理属性，这个世界不可能在任何方面不同而在物理方面相同。[1] 完全随附性的观点声称非物理的差异会在整个可能的世界导致物理的差异。如果应用到心理和物理的属性，Haugeland的完全随附性的观点就是任何可能世界的完整状态不可能在物理属性上没差异而在心理属性上有差异。对任何可能的世界，如果两个世界心理上是不同的，那么这两个世界物理上也不同。如果两个世界在物理上是相同的，那么他们在心理上也相同。心理状态完全依赖于物理状态。

Kim使我们可以想象某个可能的世界与现实世界在以下方面不同。心理的相似只存在于物理上不能区分的两个世界，[2] 任何心理差异可能是由物理差异导致的。为了了解关于心智的物理主义的内容，随附性的观点说明个别物体和事件如果在物理上有区别，在心理上也会有区别。部分随附性的观点如下。在世界中的任何

---

[1] Haugeland, J., *Ontological Supervenience*, *The Southern Journal of Philosophy*, Supplement, No. 22, 1984, pp. 1 – 12.

[2] Kim, J., Strong and Global Supervenience Revisited, *Philosophy and Phenomenological Research*, No. 48, 1987, pp. 315 – 326.

人 x 和在另一个世界的人 y，如果在某一世界中的人 x 与在另一个世界中的人 y 心理上不同，那么这两个人生理上也不相同。Kim 的强随附性声称，心理属性强随附于物理属性，对任何心理属性 M 而言，任何人 x 拥有 M，同时又有物理属性 P，如 x 有 P，对任何个人 y 来说，如果 y 有 P，那么 y 有 M。[1]

因果关系是决定或依赖关系的例子。原因决定结果，结果又因为它们的存在和属性而依赖原因。因果关系就像胶水，把独立的物体和事件联系起来，使得它们相互有意义。这样才能帮助我们控制自然现象，普遍认为世界中的因果关系的网络支持我们知识中表征的认识关系。

部分和整体的关系也是重要的，但是它的重要性很大程度上来自我们的信念。我们相信整体的存在和本质都依赖于构成部分。也就是说，部分—整体的随附性被认为是一个普遍存在的事实。对于随附性概念的研究兴趣也与日俱增，特别是它如何能用到心智—身体的问题中。我们可以把随附性看作是一种关系，包括因果关系。随附性有哲学上的重要性，它代表着物体、属性、事件和其他相似事物进入依赖关系的方式，制造了一个相互连接的体系，给这个世界一个结构来解释我们对世界的经验。依赖模式或决定模式相互之间有多种区别。如果随附性被认为是一个模式，它们如何相互区别的问题就出现了。随附的决定关系提供了一个哲学上很重要的替换方式来替换其他的决定关系。

随附性是一个哲学概念。首先，随附性是原因和理性，常常出现在哲学理论里。整体随附于部分，和理性与因果力一样，随附性成了哲学分析的对象。但与因果关系不同的是随附性只是一个哲学家的概念，这个概念也可能会应用到哲学之外来描述人类

---

[1] Kim, J., Concepts of Supervenience, *Philosophy and Phenomenological Research*, No. 45, 1984, pp. 153–176.

文化复制的现象。幂姆的复制力是由于人类心智的随附性。这个概念是我们语言的不可分割的一部分。随附性不只是一个哲学的术语，还可以应用于哲学之外。

随附性又不同于依赖关系。当人们声称 A 随附于 B 时，想要说 A 属性本体地依赖于 B 属性，而不去管它们是否是由 B 属性蕴含的，随附性不是本体优先关系。A 随附于 B 并不能保证 B 的属性在本体上是优先于 A 属性的。蕴含关系与随附性在逻辑上是相似的。蕴含关系是及物的，随附性也是。如果 A 属性随附于 B 属性，B 属性随附于 C 属性，那么 A 属性随附于 C 属性。但是，随附性既不对称也不是非对称。有时，随附性是对称的，随附性的自反的例子都是对称的例子。例如，心理状态随附于物理方式，但物理方式不会随附在心理状态上。不存在没有心理状态差异的物理差异。可还原性需要随附性，对于任何合理的还原性来讲，如果某一组 A 属性可以还原为 B 属性，如果 B 属性没有变化，那么 A 属性就不会变化，这就是概念还原性。

幂姆的复制性来自人类心智的随附性。两个生理特征完全相同的人，心理属性也应相同。前文中提到的作者生成的语篇是他的心理属性的表现，而他对其他语篇的吸收也是心理属性的表现。他生成的语篇与其他的语篇能产生互动是由于心智的随附性。我们通过分析，并用例子说明了互文性理论的一个基本假设：语篇的生成以作者的经历包括他对其他语篇的吸收为前提，产生于同其他语篇的互动。在这个过程中，先前语篇的内容表达以幂姆的形式通过多种方式被复制，同新语篇共同形成互文场，生成了新的作品。文学作品有储存、守望文明的使命，负载着传递人类文化价值的重担。在这方面，互文性和作为互文性产生的酶原的幂姆，有着重要的贡献，因为长寿命的幂姆可以作为其中一种重要的手段使人类的文明和人类文化的价值通过文学作品的互文场世世代代地传播下去。我们把各种语篇想象成毫无关系的物体、事件和事实的集合，但是它们都组成了一个体系，有一定的结构。这个结构的成分都以某种方式相互联系。这种世界观看来是很基本的，但是我们的假设是在一个地方发生的事情会对另一个地方发生的事情产生影响。这就使我们能够通过一件事情来理解另一件事情，通过一件事物的信息来推断另一件事物的信息。事物的相互联系的观点的中心就是依赖的概念。同理，我们把各种语篇想象成事物相互联系，就能够通过一个语篇来理解另一个语篇，一个语篇会对另一个语篇产生影响，它们的存在是依赖于其他语篇的存在。正是由于这种依赖关系或决定关系，语篇才能被理解。通过探索它们，我们能够模仿语篇、改变语篇，解释缺乏联系的语篇毫无意义，只有相互连接的语篇是可以被理解的。

第七章

心智哲学视角下的隐喻研究

第一节 科学语言与隐喻

随着语言学转向从语用学的研究范式向认知语言学的研究范式的展开,人们对隐喻获得了一种全新的认识。隐喻的研究,不再只局限于修辞学的范围,只是作为语言运用的一种手段和技巧;对隐喻的讨论超越了就隐喻的语言形式论隐喻的格局,超越了只认隐喻为语言替代、语言比较、语言互动、语言创新等的语言学视野,而是将隐喻同人们的体验(embodiment)和认知联系起来,把隐喻看作是一种思维方式、认知现象或生存状态,提出了"我们赖以生存的隐喻"的命题。

隐喻的运用同语言的运用一样古老。Halliday 说:"隐喻是从语言一开始的性质继承下来的,这是十分可能的。"语言发展史告诉我们,人类语言的历史很大程度上是语言非隐喻化过程的历史。这就告诉我们,在语言形成的最初阶段,隐喻有着不可替代的作用。在我国,古代的诗和散文大量运用隐喻的情况不可胜数。[①] 但

---

① Halliday, M. A. K., *An Introduction to Functional Grammar*, London: Edward Arnold Publishers Ltd., 1985, p. 322.

是,这不是本文要考察的现象,本文要研究的是科学语言与隐喻。古代没有现代意义的自然科学,我们没有办法谈论古代自然科学的科学语言同隐喻的关系。以理论著作而论,南朝梁刘勰的《文心雕龙》所论述的理论丰富、高深、严密、抽象、完备、系统的程度,绝不亚于现在一些自然科学著作,而书中俯拾即是的丰富而生动的比喻运用,往往是深邃思想和文意表达的点睛之笔,直至今日仍为不少文论家所引用。他说,"故金锡以喻明德,珪璋以譬秀民"(《比兴》)。这是以晓喻的方式昭示读者隐喻是怎样构成的。过了 1000 年,被誉为"技术百科全书"的明宋应星所著的《天工开物》,其文笔之言简意赅,也常有赖于隐喻的运用,如从卷四开卷之句可见一斑:"天生五谷以育民,美在其中,有黄裳之意焉。稻以糠为甲,麦以麸为衣;粟粱黍稷,毛羽隐然。"

在西方,古代已有直观的科学积累,如建筑力学、浮体力学、杠杆力学等。到了 16 世纪,我们注意到,随着近代科学的兴起,就有唯名论(nominalism)者坚持,科学语言同文学语言要有明确的分界。[①] 而到现代,逻辑经验主义(logical experientialism)的不少论者也认为,科学理论的语言必须在严格意义上使用字面意义。[②] 但从科学研究的实际情况来看,自然科学家并没有多少人按照他们的意见办,将自己的语言运用同隐喻分隔开来。例如,在西方的科学发展史上举足轻重的英国科学家达尔文,他的经典科学名著《物种起源》(*The Origin of Species*)有个副标题 "By Means of Natural Selection or Preservation of Favoured Races in the

---

[①] Bulhof, I. N., *The Language of Science: A Study of the Relationship Between Literature and Science in the Perspective of Hermeneutical Ontology*, The Netherlands: E. J. Bril, l Leiden, 1992.

[②] 郭贵春、贺天平:《科学隐喻:"超逻辑形式"的科学凝集——论科学隐喻的基本原则和表现形态》,《哲学研究》2005 年第 7 期,第 93—100 页。

Struggle for Life",而达尔文在该书的第三章"The Struggle for Existence"中说:"I should premise that I use the term Struggle for Existence in a large and metaphorical sense…"这说明,连书名都有隐喻性。在这一章的头几行,达尔文把鸟叫做 songster,说植物的蔓延 clothe the ground,动植物有它们的 kingdom,动植物也有 marriage。示例说明在西方科学语言同隐喻也是有缘的。当代诺贝尔物理奖获得者盖尔曼(M. Gell-Mann)和霍兰(J. Holland)等一批顶尖科学家参加的美国圣菲研究所(Santa Fe Institute),正进行着有关复杂性问题的研究,他们为有关现象概括出来的概念,许多都是带有隐喻性的,如混沌、突现、分叉、涨落、线性/非线性、涌现、层次等。此前,一些科学家也开展过类似的研究,他们提出来的许多概念是我们所熟悉的,如神经网络、细胞自动机、耗散结构、遗传算法等也带有隐喻性。连那么尖端的研究成果,其表达也可以借助隐喻,他们的写作实践表明,科学语言同隐喻其实并不需有什么明确的分界。但是,科学家的写作实践只表明一种事实,不能代替语言学理论问题的思考。

因此,本文想要探讨,科学语言所要求的缜密的逻辑性同隐喻表达的开放性,这两者是如何得到沟通的。我们对这个问题的基本解答就是,因为隐喻表达可能有这样的特点:望之也隐,即之也缜,它是符合科学研究成果表达所要求的缜密性的。

第二节 科学语言:隐喻的可能和必要

科学研究本来就包括自然科学、人文科学、社会科学。出于本文探讨的需要,我们这里只谈及自然科学,因为研究科学语言同隐喻的关系,最好是以典型的科学语言为对象,即更为重视纯理论探讨、重视形式逻辑推理、重视客观表述的自然科学的语言。

从这一考虑出发，我们准备以《离散数学》① 中"代数系统""图论"等章节的语言为例，因为人们历来都认为，数学属于非常抽象、非常客观的纯理科学。我们发现，在这些不多的章节里，隐喻性的概念俯拾即是。

例如，其一，在函数运算中，有集 A 和集 B，并规定，f 使得集 A 中的每一个元素在集 B 中有一个元素与之对应，则 f 是 A 到 B 的函数，或称映射。"映射"同"函数"指的是同一回事，"映射"带有比喻的性质，比"函数"好懂好记：A"照"到 B 上去，B 也"反映"出来（参考《辞海》："映"是照射、反映）。有"映射"就会有"象"：集 A 中的元素 a 所对应的元素 b 称为 a 的象；a 是 b 的原象（参考《易·系辞下》："象也者像也"）。此外，还有七八种不同情况同"映射"有关，如内射、双射等。其二，在一个集中，其元素可进行某一代数运算并满足某些条件（主是结合律），这样的集称为群，例如，设集 A = {a,b,c}，若{(a×b)×c} = {a×(b×c)}，则集 A 就是群，这样的性质又称对乘法"可群"。用"群"定义这样的集是很形象的，因为这样的集的元素性质相同，可以成为一个群体，《易·系辞上》有云："物以群分"。此外，也有许多不同情况的群，如半群、广群、循环群。还有在图论中，连通而无回路的有向图称为树（生成语言学早期表示句法的树形图，也是连通而无回路的有向图，它可帮助我们了解数学关于"树"的概念）。树中度数为 1 的节点称为叶，度数大于 1 的节点称为枝，无回路无向的树称为森林；此外，还有分别称为分枝、树权、树根，树从根向上/下生长，祖先、父亲、后裔、儿子、兄弟等。同这些运算有关的还有环、交换环、整环、路、回路等。上面这些概念，其命名的隐喻化是很明显的。要说明的是，我们提供的有关通俗简单的说明，目的是帮助了解有关

---

① 左孝凌等编著：《离散数学》，上海科学技术文献出版社 1982 年版。

概念的隐喻性质,并非精确的专业解释。即使作了这样简单的说明,也许还会不太清楚明白,但对照着映射、象、树、叶之类的隐喻性的概念,就会给理解带来不少方便。

再看下例。对于给出的 <I, · >; <R, + >; <P (S), ∪>; <P (S), ∩>四个"格"(布尔代数将每一项称为一个"格"),如果对应分别表现出如下特性:

x·y∈I; x + y∈R; A∪B∈P (S); A∩B∈P (S),这可概括为封闭性;

x·y = y·x; x +y = y + x; A∪B = B∪A; A∩B = B∩A,这可概括为交换律;

(x·y)·z = x· (y·z); (x+y) +z = x+ (y+z); (A∪B) ∪C = A∪ (B∪C); (A∩B) ∩C = A∩ (B∩C),这可概括为结合律。

前面的数学运算同后面的文字概括是等价的。如果数学论文或教材只是用诸如左边运算的具体例子甚至再多加若干例子来启示读者:代数系统有这样的运算规律,其效果很可能只是事倍功半;进行了右边的概念性的总结,规律性的东西就会明确多了。例如第一行,四个例子中的运算结果,都"封闭"在给出的四个"格"的第一项,因而得出一个形象的概念"封闭性"。这些例子告诉我们,即使在非常抽象的客观纯理科学的数学里,隐喻不但可能,而且看来很有必要。为什么既可能又有必要呢? 这里有主客观两个方面的原因。客观上说,这是由一个学科的理论体系决定的;主观上说,也由科学研究中人的作用所决定。

第三节 隐喻表达:客观主观因素

先从客观上,即学科理论体系这一因素说起。自然科学主要

第七章　心智哲学视角下的隐喻研究

的提问方式是"为什么",而研究过程,总是要面对现象,回答同该现象有关的"为什么"的问题,就是对现象作出解释。自然科学的研究,主要是解释性的研究。研究的结果,是要建构一个理论体系,对所研究的对象作出解释。

"为什么"总是处于现象背后的深层次,所以,研究的一条基本规则是:现象不能由现象来解释,例如,我们在上面举了很多中外的例子,说明隐喻同科学语言并不对立,但这还不是解释,而应找出这一现象背后的深层机理来解释。对有关机理的陈述,通常表现为以理论形态出现的假设,所提出来的一个假设,都是一个大小不等的理论体系。这个理论体系必定是从有关的现象来,又回到这现象中去,不然就不是针对这一现象进行的研究,也不是为这一现象提出的解释了;但是,如果这个理论体系只是采用这一现象自身的资源来建构理论体系,这个理论体系的解释力将会受到限制而不完备。例如谈隐喻,如果只是就隐喻自身谈隐喻,其解释力不会是完备的。这种情况,是由系统的不完备定律所决定的。根据哥德尔的不完备定律,任何系统都是不完备的(http://www.miskatonic.org/gode.l html)。任何一个看来是足够完备的系统,例如某一逻辑系统、数学中的公理系统、一个生物系统、教育系统、语言系统甚至以一段话语作为一个系统,等等,都是不完备的,有待系统外的因素加以补足。较为直观地说,任何一个系统包括一个学科的理论系统,都要同其他相关的事物相互依存、相互影响、相互作用。因此,为了使一个学科的理论体系更有解释力,就需要从系统以外吸收资源,以补系统不完备的不足,例如,只从数学来定义、解释数学,常会有单薄贫乏之感。在量子力学研究史上有一只有名的"薛定谔的猫"可以说明这个问题。量子力学有一个重要概念"量子态",即概率幅。为了试验量子力学的叠加原理,奥地利物理学家薛定谔假设有一只猫放到一个封闭的盒子里,盒子里同时放一个放射源。假定放射源在一秒以内以 1/2 的概率放射一个粒子。若粒子放射出来，就会打开盒子里的一个毒气瓶盖把猫毒死。根据量子力学的叠加原理，处于无粒子态和一个粒子态的概率幅叠加，即粒子处于有与无之间，于是瓶盖就处于打开与不打开之间，猫也处于不死不活、半死半活之间。薛定谔就是这样在研究粒子的微观世界的学科理论体系中引进了一只宏观世界的猫来阐明他的理论观点。总之，一个学科理论体系要引进体系以外的资源是经常发生的。

下面再谈谈科学研究中人的思维特征这一主观因素。吸收系统以外的资源是多方面的，会因研究主体自身的经历和学识以及研究内容、研究取向、研究方法、研究条件等的不同而各异，但是有一个方面是各项研究都会不约而同地自觉或不自觉受到影响的，这就是研究主体的经验和认识，即将研究主体的经验和认识吸收到有关的学科理论体系中。

上文提到的对封闭、交换、结合等的概括，其实就反映了人的经验和认识。那么，研究者在构建理论体系和表达这一体系时为何会吸收人的经验和认识作为其参照资源呢？自然科学的研究所面对的自然现象，是人类感知到的自然现象。不曾为人类感知的自然现象，不可能成为人类科学活动的对象，因而也就不可能对它进行研究。因此，科学研究活动必然以人的感知和认识为基础和前提。人的感知和认识有什么特点？认知语言学的先驱者 Lakoff 和 Johnson 认为，人类的心智是涉身的，认知大部分是无意识的，思想主要是隐喻性的。[①] 因此，研究主体无论是对研究对象的观察、研究过程中的推理、形成理论、交流认识，都会自觉或不自觉地渗透已有的涉身体验和思想特征；在这个意义上说，不存在纯客观的独立于人的心智（mind-independent）、脱离人的思想特

---

① Lakoff, G., and Johnson, M., *Philosophy in the Flesh: The Embodied Mind and Its Challenge to Western Thought*, Chicago: University of Chicago Press, 1999.

征的研究对象、研究过程和研究结论。由此看来，对研究现象的观察描写、对有关认识的推理、解释理论的概括总结，表现出有研究主体的涉身经验和隐喻性的特征，并使之成为构建理论体系和表达这一体系的参照资源，也就不奇怪了。

人工智能的研究揭示，人类的智力有一个很重要的特征，就是必定运用常规关系。人工智能科学家 Lehmann 说，"常规关系的运用是获得智能的根本工具"。运用常规关系进行的思维叫常规（关系）思维。① 事物的常规关系通常涉及事物的相邻/相似关系；事物的相邻/相似关系又是转喻/隐喻的本体基础，所以常规思维包含了隐喻思维。运用常规思维进行的推理叫常规推理。既然常规关系运用是人类智力的重要特征，自然科学家进行研究活动的各个环节，也必然表现出常规思维的特征，包含了隐喻思维的特征。

我国学者徐盛桓对常规关系、常规思维、常规推理作过多方面的研究。最近他提出，对事物间的常规关系进行抽象，可以概括为两事物间的相邻/相似关系，从非常相邻/相似，到非常不相邻/相似，即 [相邻±]、[相似±]；也就是说，以相邻和相似为参照点，是人们感知事物的两个基本的方式，成为人们认识两个事物之间的关系的基本的维度，并以此表现出事物间的常规关系。② 根据这两个基本维度，徐盛桓认为，可以在这个意义上将他提出过的言语交际的逻辑先设"语言运用总是设定话语中所涉及的对象和事件之间所形成的关系是常规关系，除非另有说明"转换为"语言运用总是要利用话语中所涉及的对象和事件之间所形成的相邻/相似关系"。③ 徐盛桓进一步指出，进行常规推理，基本

---

① Lehmann, D., *Stereotypical Reasoning: Logical Properties*, *Logic Journal of the Interest Group in Pure and Applied Logics*, No.1, 1998, pp.49–58.

② 同上书，第21页。

③ 同上书，第3页。

原则就是以事件间的相邻/相似关系来补足或阐释话语中的不完备表述，而"补足和阐释的运作，是同人们的完型能力联系在一起的……我们曾提到格式塔心理学的完型趋向律，而同完型趋向律有关的共有五项原则，这五项原则是相互关联的，但其中有两项同补足和阐释的心理运作特别密切相关：相邻原则和相似原则。相邻原则说，相邻的事物倾向于成为一个整体；相似原则说，相似的事物倾向于成为一个整体。也就是说，在人们的心理空间中，识解为相邻或相似的事物，都分别倾向于感知为一个完型"。"越是被感知为相邻的事物，越有可能被识解为一个整体，这就是'补足'的认知基础；越是被感知为相似的事物，也越有可能被识解为一个整体，这就是'阐释'的认知基础。"

"再进一步说，这里所说的补足和阐释，其认知的本质特征，同认知语言学所讲的转喻和隐喻的认知特征是相通的；或者可以说，这里其实就是转喻和隐喻在起作用。'补足'就是以话语里提及的部分转指全体，'阐释'就是以话语里提及的事物隐喻其他。"[1] 从这里可以看出，常规思维里有隐喻思维；或者可以说，是从另一个角度来刻画隐喻思维。这再一次说明，在研究中进行学科理论体系的概括总结，表现出有研究主体的涉身经验和隐喻性的特征，也就不奇怪了。

综上所述，我们从科学理论的体系本身"先天"的不完备性和研究主体的认知特点这两个方面，说明了为什么科学理论体系运用隐喻不但是可能的，甚至是必要的。讨论了这一点，接下去我们就要进一步讨论，科学语言所要求的缜密逻辑性同隐喻性的语言的开放性是如何在科学语言的表达中得到统一的。

---

[1] Lehmann, D., *Stereotypical Reasoning: Logical Properties*, *Logic Journal of the Interest Group in Pure and Applied Logics*, No. 1, 1998, p. 21.

第四节 科学语言与隐喻思维

关于科学语言同隐喻性的语言之间的区别和矛盾，郭贵春等是这样概括的："这一矛盾现为"隐喻最鲜明的方法论特征与科学最基本的方法论要求相抵触，即隐喻的变换性和科学的逻辑性相抵触。这种变换性是超逻辑的，它违背了逻辑的一致性、严密性和连贯性。所以，在这个意义上讲，反对者（按，指反对隐喻用于科学语言）认为二者之间的矛盾也是隐喻的'超逻辑性'与科学的'逻辑性'之间的矛盾"。具体到语言表达上，郭贵春等指出，反对隐喻用于科学语言的人要求表现在两个方面：（1）科学语言必须在严格意义上使用字面本意；（2）科学语言应该是可观察的语言。如果仅以这两点而论，人们只能采取两者必择其一的做法：要么接受这两点，以后就根本不再运用语言；要么根本不管这两点。原因就是，任何语言运用，不管是科学语言、日常语言运用还是隐喻性的表达，通常都不一定能做到这两点中的任何一点，更不要说两点了。[①] 例如，一句看起来没有隐喻的话"我坐公共汽车到解放碑"，这里有些表达不是字面意义，例如坐的实际上不是"车"而是车里面的"椅子"，不是到解放碑里去而是碑附近的车站（广场等）；有些表达的东西是观察不到的，例如观察不到抽象的"公共汽车"、坐的"椅子"、汽车的"行驶"。在这个意义上说，任何语言表达都是介乎缜密性与开放性之间。正是在这一点上，沟通了科学语言同隐喻表达。试看下例：

定理 3-11.2 给定集合 A 的覆盖 $\{A1, A2, \cdots, An\}$，由它

[①] Lehmann, D., *Stereotypical Reasoning: Logical Properties*, Logic Journal of the Interest Group in Pure and Applied Logics, No. 1, 1998, p. 63.

确定的关系 R ＝A1×A1，∪A2×A2∪…∪An×An 是相容关系。

　　这里的集合、覆盖、满足、相容都不是它们在词典里的"严格意义上使用字面本意"，也不可"观察"到是怎样覆盖、怎样满足的等。这些概念，都已经被数学"改造"过了，在原来词义的基础上，发展出了只能适合这一学科的专门意义。例如，什么叫"覆盖"？该书在给出上面这一定理之前给了一个定义：

　　定义 3－11.4 在集合 A 上给定相容关系 r，其最大相容类的集合称作集合 A 的完全覆盖，记作 Cr（A）。

　　学过这一内容的人就知道，这就叫"覆盖"，正如会用电脑的人都知道，经过计算机科学"改造"过的概念"病毒"是什么一样。这里的实质，是用一般词义（"字面本意"）的"覆盖"和"病毒"，隐喻数学和计算机科学所指的同"覆盖"和"病毒"相似的现象，借用这两个词来指称这两个本来要用比较多的话才能说清楚的现象。为什么可以用前者隐喻后者？就是因为两者有相似性。启功说："很长的一个故事是一个典故，从一个角度加以概括，就是一个词，这个词就是一个信号，这个信号可帮助作诗作文的人省略许多话。"① 从这里可以看到，语言表达的缜密性与开放性其实是相对的。主要依靠语言自身的语义系统运用其字面本意进行的表达，同还要很大程度依赖外界语境补足的表达，都共存于语言表达的系统之中。一般说来，语言的运用，无论是科学语言还是一般日常语言、文学语言，都是在这两者所连成的连续统之间，绝对化是不存在的；只是从文体学的角度来审视，也许科学语言比其他文体的语言，会少一些过于鲜活的隐喻的运用罢了。正是在这个意义上，徐盛桓说，这两极本来相通的，对立可以消解，两者必有共核，可以相互维系，相互融合，相互转化。"那么共核是什么呢？共核就是任何的语言运用必定体现常规关

---

　　① 启功：《汉语诗歌的构成和发展》，《文学遗产》2000 年第 1 期。

系：语言运用总是设定话语中所涉及的对象和事件之间所形成的关系是常规关系，除非另有说明。这是语言运用的潜规则，无论话怎么说，必定受制于这一规则。这一潜规则把相对完备的表达同不完备表达、清楚明白的表达和迂回含蓄的表达的两极维系起来，加以融合：当其他情况相同，需要利用常规关系来补足或阐发的越多，话语就越迂回含蓄，反之就越明白直接，直至一定的阈值。"

一般说来，自然科学文献的语言表达，在简明、确定、消除含混、消除歧义方面，有更为明显的要求，而隐喻的表达有较大的开放性，理解起来允许较大的弹性。为了调和这方面的差异，科学语言的隐喻运用有两个方面值得重视。首先，隐喻构建的本体基础是相关事物的相似性。徐盛桓区分了三类相似性：物理性相似、心理性相似、象征性相似。物理性相似是两个物理实体或真实事态之间某方面的相似，如达尔文所说的鸟与songster、动物的两性的结合与人的marriage结合等；上文提到的交换律、结合律中所指的运算元素之间的交换、结合，同现实生活中的实际交换、结合事实的相似也属这一类。心理性相似指物理层次以外的心理感受所形成的相似的认识，如上文所说的相容、覆盖等同数学运算过程中上述情况的相似。象征性相似是类比的另一方以象征物存在所造成的相似感受，花的美同少女的美、人的热情同火的热之间的相似属这一类。通常，这三种相似性所形成的隐喻，理解的确定性从物理—心理—象征递减。这一规律昭示了科学语言隐喻形成的一般取向。其次值得重视的是，除了一些极为普通的情况以外，科学语言运用隐喻，通常都要有适合本学科、本研究的具体情况的定义。映射是人们熟悉的一种现象，函数借用这一现象来比喻一种数学运算时，也作了特定的规定。

隐喻总是在一定的语境当中运用的。在一定语境制约下，人们已有的涉身经验、已有的常规关系意识会成为联系两事物的相似点的引导，使有关的隐喻限定在一定的认知域里，从而使理解能稳定在合理的范围之内。再加上注意了上面两点，科学语言的隐喻运用就不会带来混乱；相反，会有助于表达的简明清晰，形象易记。因此可以说，科学语言隐喻的运用，其实是望之也隐，即之也缜。

第五节　隐喻与哲学

在欧美的分析哲学的传统中，特别是在语言哲学中，隐喻引起了很大兴趣。因为它与真值条件语义学不一致，条件能决定一个陈述是否为真。从字面上说，隐喻是假陈述，如"My love is a red red rose"。该命题从真值上来讲为假，本体和喻体只有在某些属性方面有共同之处，才能说该隐喻为真。之所以说"My love is a red rose"是因为我的爱人和红玫瑰之间有很多相似的属性，如美丽、芬芳、可爱等。但是从这个方面来讲，隐喻与明喻如何区别就很难解释了。

隐喻不能被真值条件所描述。有人认为隐喻是开放式的，所以不能有指称表达式的功能，不能成为具有真值条件的表达式。如果隐喻被用在使用精确的技术术语的语境之中，如在科学理论之中，它的作用只是认识论上的。Davidson 也认为要判断隐喻的真值是一个错误。因为，用他的话来讲，我们所注意到的不是隐喻的命题，隐喻是不能被还原为一系列的真值条件的。① 隐喻的功能是通过一件事来了解另一件事。这就不需要判断该命题是真是假，没有必要去特别关注隐喻的字面意义的真假。隐喻能提供新视野

---

① Davidson, D., *Thinking Causes*, in J. Heil and A. Mele (eds.), *Mental Causation*, Oxford: Clarendon Press, 1993.

或新意义。互动理论提出隐喻的核心是两个事物之间的互动，互动为意义提供了条件。脱离了语境的隐喻不能存在。隐喻常常有多个可能的解释，本体的属性可以从喻体的属性来进行推断。含义就构成了一个体系，这个体系被本语言社团所接受。但 Lakoff 就从不同的、自然的思路来研究隐喻。隐喻就成了人类理性的中心内容。

分析哲学是在语言哲学的领域内来审视隐喻。在大陆哲学中，隐喻的启示更大。这是因为大陆哲学研究的气氛更有益于创新。尽管康德和黑格尔在分析哲学和大陆哲学的研究中都很有分量，但是大陆哲学认识到需要重新思考世界。康德的大陆哲学出现了一个重要的变化，心智－身体和主观－客观的思想产生了变化。这个转变的结果，是隐喻的概念映射成为了经验的中心话题。Kierkegaard, Nietzsche, Heidegger, Merleau-Ponty, Bachelard, Paul Ricoeur 和 Derrida 都提出过这样的观点。Nietzsche 提出了两个概念：一个是我们是隐喻，另一个是我们存在于隐喻之中。Nietzsche 却认为真理是隐喻，因为我们的概念的形成都是隐喻的。

隐喻也是我们赖以生存的方式，这是复原我们对世界感知的原则。通过这个原则，我们意识到重新看待这个世界的创造力，这个过程是自相矛盾的。隐喻的创造性能产生意义，概念的主观应用产生了客观世界的感知。在主观、创造性和客观之间有张力，隐喻是心智的结构。说明一个事物要通过与另一个事物的关系来进行定义。

从认知的角度来研究隐喻已经被学术界所接受。正如 Mark Turner 所观察到的，我们住在一个认知的时代，把解构看作是很有意义的理论。认知视角看来是必要的，因为我们的心智仍然没有被了解。

隐喻的研究对西方的学术思潮产生了巨大的影响。Mark Turner 就用概念隐喻解释了主观和客观之间的区别，把心智看作是一个容器。在容器里,我们通过物体看到了意义,而客观的意义却位于心智容器之外。认知理论还将隐喻和转喻等看作一种解释力,是创造意义和知识的组织原则。

第六节 隐喻与心智

苏格拉底的辩证法和亚里士多德的哲学思想都是西方传统的主观和客观意义区分的基础。哲学通常被认为是严肃的、客观的,所以排斥隐喻。因为隐喻不能从其字面了解意义。人类的心智创造出了隐喻,很多哲学家都通过隐喻来观察世界,Prtagora 就曾指出人类是万物的尺度。

西方形而上学的观点一直被我们所接受。在这个传统的基础上,我们建构了隐喻理论、语义指称的观点,Grice,Sperber 和 Wilson 把隐喻当作会话含义来研究。还有极端的隐喻理论,如 Davidson 提出的理论。Searle 是从语义和语用两方面来提出隐喻理论的,这个研究也包括更加详细的策略,通过这些策略,心智赋予语言意义。记忆的经济性使得人们要不断创造意义。Mark Turner 的理论认为隐喻是思想的基本工具。

意义是人类大脑所赋予的意义,与现代的认知观点符合。意义是由人类大脑中的动态模式所创造出来的。为了把认知的观点与其他主流的思路区分开,Mark Turner 把意义的指称理论描述为,语言符号通过语义传递到了客观世界。但是形式主义的理论被比作了人工智能理论,把人类大脑当作形式处理器,对无意义的符号执行形式计算,通过计算,这些符号获得了阐释。

Turner 所探讨的区别都有科学的基础,而且相互间有一致性。他提出的主要观点之一是根据神经生物学的研究,大脑都有自己的结构和操作的模式。这和我们身体的本质是相联系的。身体在一定的环境中具有功能，人的心智需要有理解能力才能存在。神经结构的组织是通过映射的方式来执行功能的。每个事物都是通过感觉经验来进行感知的，这就意味着感觉经验需要进行翻译、转换和映射到大脑之中，这样大脑才能根据对环境的理解来创造意义。这种理解是隐喻的投射，这样才能赋予抽象的概念以结构和意义。因此，环境和身体建构了心智，指导了心理操作，更加精细化的概念工具也能把意义涉身化。

  Turner 把他的理论建立在神经哲学上。为了能促进对复杂过程的理解，Nicolae Babuts 提出了交响乐团的类比。Babuts 把他的记忆模式看作是用概念隐喻来创造意义的基本机制。整合的过程可以比作把整个交响乐团安排在舞台上，正如各种乐器的声音汇聚在一起，但没有失去本身的特色一样，神经脉冲也是这样。在这个模型中，序列中的结构位置所承载的意义是由我们的基因决定的。意义是涉身的，这就是 Lakoff 和 Johnson 概念体系的经验基础。他们从方向隐喻开始，证明了我们根据自己身体在物理环境中的运作方式来概念化这个世界。我们是如何从上至下地感知，我们的身体有边界，而且被边界所限制。

  通过我们身体与环境的互动，我们感知到了前后、深浅、中心和边界。我们把这一切建立在我们的生理经验上，因此才能够使抽象的概念可以被理解。空间隐喻有系统性和一致性，因为它们有经验基础。Lakoff 和 Johnson 提醒我们这样的空间隐喻能将概念组织起来，我们使用它们时却意识不到它们是隐喻。

  高兴是向上，昏迷是向下，如"高兴起来"等。健康和生命是向上，生病和死亡是向下。控制力量是向上，被控制是向下。多是向上，少是向下。隐喻都有经验的基础，因为它们都需要把边界投射到客观现象上去。我们可以通过身体的经验，特别是与其他物体的互动经验来概念化。这种策略容许我们理性地处理我们的经验。

本体的隐喻可以进一步地被阐释用来使我们理解关于目标概念的方方面面。心智是机器，心智可以被阐释为一个物体。这样的隐喻对我们来讲是非常自然的，因为它们都是心智必要的模型，叫做容器隐喻。因为我们通过皮肤来感知世界，我们把自己看作是容器，有内外两个方向，我们也把自己可以看到的领域看作是一个容器，这样来定义其构成部分。

　　同样地，事件也被看作是容器。活动被看作是容器里的物质，状态也被看作是容器。Lakoff 和 Johnson 就把拟人看作是本体隐喻，物体和经验被概念化为人，我们可以从动机和特点方面来理解，所有的拟人可以被进一步说明和阐释。

　　Turner 建构了认知策略，他提出大脑中有些模式对我们来讲是有意义的，我们的大脑中也有一些模式是没有意义的，需要从内在有意义的模式那里获取意义。Lakoff 和 Johnson 通过将隐喻和转喻进行对比发现隐喻对理解意义的过程很有益处。隐喻不仅是一种修辞方式，还是我们思想、态度和行为的方式。正如隐喻是我们思维的方式一样，转喻也可以促进理解。隐喻是通过一件事物来理解另一件事物。

　　结构隐喻就给予我们更加丰富的阐释资源，而且还植根在我们经验的系统里。例如，结构隐喻"争辩就是战争"使我们能通过冲突来理解争辩这个抽象的概念。其他的隐喻还包括"观点是食物""生命是赌博""爱情是魔法"等。这样的隐喻都是规约化的，但是我们创造的意义是非常有想象力的和创新的。同时，这些隐喻也使我们对经验有了新的认知。真理是建立在理解的基础上的，理解与我们的概念体系有关，概念体系在很大程度上是由隐喻来定义的。

　　我们只能够通过理解世界来获取真理，理解是通过范畴化来创造的，范畴来自我们直接的经验。当我们处理更加抽象的概念时，我们不得不把范畴投射到世界，这样我们才能定义这个世界。

隐喻为我们提供了理解心理过程的方式。我们没有直接的概念化方式，只有通过隐喻来进行这样的一个心理过程。

我们在使用这个策略时，强调了所选隐喻的相关方面，同时有必要隐藏与我们经验不相关的方面。新的隐喻以同样的方式使规约隐喻产生意义。它们都产生了蕴含，这些蕴含又包括隐喻，这些隐喻又产生了蕴含。这些蕴含能够通过创造意义的方式来与我们的经验保持一致。

这些隐喻提供了我们规约概念系统所不能提供的组织经验的方式，它们蕴含了源域面，如在上面的例子中，目标域被赋予了新的意义。隐喻的意义与我们过去的经验相联系。非常规的隐喻都有特点，隐喻能帮助我们理解新的概念。隐喻是认知机制而不仅仅是修辞方式。Lakoff和Johnson都明确地提出隐喻是我们创造意义的策略，但是在常规的结构隐喻和非常规隐喻之间是有联系的。理解在不同的层面发生，语言、语境和隐喻交织在一起。语言和意识之间是同一的，语言是思维表达的最高形式，是了解现实和自我以及文化存在的最基本的方法。

没有语言，人类无法获得文化的价值。意识以语言为其现实预设。通过语言，人们可以在心智内进行符号操作。符号化是意识的特定形式，用符号作为客观事物的象征。例如，旗帜不仅是一块有色彩的布料，而且具有一定的属性。符号是一种现象，能表达一定的意义，有一定的形式。符号不仅仅是标志，它本身就包括概念和形象。符号有表达功能，借助于自身的具体内容的体现来指示另外的事物。在科学思维中的隐喻执行了建构概念形象的功能，为科学认知作出了贡献。通过隐喻，我们可以了解事物和世界。使用隐喻可以帮助我们通过已知来了解未知，同时能将抽象的新概念进行相互的交流。词的意义是最少的知识，只能指称该物体而不是揭露它的实质，很多词语都用作它的隐喻的理解。意识与语言之间的联系是复杂的。语言并不是世界结构、属性和关系的反映，也反映出了个人的思想世界。语言可以影响意识，语义结构和句法特征都影响了思想。

　　隐喻不仅仅是一种修辞方式，增加语言的感染力。隐喻是意识的外在表现，是人们概念化经验的方式。人类的认知机制是隐喻的，隐喻可以帮助人们从已知走向未知，通过已有的经验来认知新的事物。在科学研究中，隐喻是科学家们发现和认知新事物的方式，科学家用隐喻来与读者进行交流，把新事物和新发现传达给读者。通过语言来反映思想，隐喻的语言揭示的是人类的思维方式。

第八章

反语的心智哲学解读

第一节 引言

综观中外、古今反语的研究，我们不难发现反语的研究历史很长，且已从传统的分析其构成、分类、语用功能、修辞作用等发展到对其机理的研究。我国的学者如文旭[1]、曾衍桃[2]、黄缅[3]等对反语的特点、机理等进行了探讨。在英国发展心理学学刊上发表的一篇最新研究反语的论文表明四岁的儿童就能够理解反语了，而以前却普遍认为要到8—10岁儿童才能理解反语。以前的研究表明我们在理解反语前要先考虑句子的字面意义，我们一旦从说话人的语调和面部表情的暗示中发现线索就会直接将话语作为反语来处理。[4] Pexman（2008）提出了平行—约束—满足模型（parallel-constraint-satisfaction）来解释我们是如何掌握反语的意义

---

[1] 文旭:《反讽话语的认知语用研究》，中国社会科学出版社2004年版。
[2] 曾衍桃:《反讽论》，中国社会科学出版社2006年版。
[3] 黄缅:《相邻关系——汉语反语的认知语用研究》，中国社会科学出版社2009年版。
[4] Recchia, Holly E., *Nina Howe*, Hildy S. Ross and Stephanie Alexander, Children's Understanding and Production of Verbal Irony in Family Conversations, *British Journal of Developmental Psychology*, No. 28 (2), 2010, p. 255.

的。根据此模型,反语的暗示包括语调、期待和现实不一致、说话人的知识等。这些暗示被迅速地平行处理与话语相互协调,以适合于前后一致地解释被激活的信息。在《心理科学当前潮流期刊》上发表的这个研究的结果是很有趣的。儿童不仅能在很小时理解反语,而且儿童只需要凭借说话人讽刺的语气就能辨别出反语。反语的理解要依赖复杂的社会、情感和认知的推理。这样的推理是由于人的理解系统能够迅速协调信息,并且具有大范围的背景知识可以用于阐释话语。Wilson最近的研究发现反语的理解与二阶错误信念(second order false belief)测试的成功有关系。[1]她提出理解反语比隐喻需要更高阶的读心能力(mind reading ability),研究数据表明认知因素(epistemic element)是反语的关键。

　　反语的研究还远远没有结束,反语仍然是关于认知的难解之谜。如果仅仅把反语看作是一种语用修辞现象是无法揭示反语的本质的。反语的识别、使用和理解是极其复杂的心理认知过程,涉及大脑的功能、心—身问题,所以对反语的研究必须摆脱语言的藩篱,提升到人类的认知能力、思维能力的高度。而心智哲学能提供一种新的理论框架把反语所涉及的本意(P)、含义(Q)和思维这三个向度统一在一起来解释 P 是如何获取了与其字面意义相反的 Q。我们认为反语之所以可能,是由 P 所表征的事物的一种属性带来的。哲学家通常画出一个由语言、心智和世界构成的三角关系来表述人类作为对客观世界的描述者和解释者的地位。这三条线表征的关系是理解人类在客观现实世界中的地位的关键,这些关系构成了语言的意义。本文就从心智哲学的角度对反语为什么可能作出分析和解释。

　　心智哲学研究的是心智、语言和世界之间的关键关系。这些

---

[1] Wilson, Deirdre, *Irony and Metarepresentation*, CSMN Workshop, June 2009, pp. 15 – 16.

关系包括感知、动作、心智的身体构造和意向性。意向性指的是思考世界有什么的心智能力，心智能将意义赋予语言。Quine[1]、Dennett[2]认为语言意义和心理意义并不是完全客观的，意义的建构还在于我们在语言实践中的阐释和理解。意义是高度不确定的，语言意义和心理意义是由我们自己的阐释构成的。使用和理解语言是一种心理活动。简而言之，心智把意义赋予了语言。从心智哲学角度研究语言关注心智和语言之间的联系，语言的使用和理解是基础，对某一语言的意义的解释就是对使用这种语言的心智能力的解释。从心智哲学的角度来研究反语就是要通过探讨人能理解反语的心智能力来研究反语的理解，重点研究人的心智能力是如何将与语言符号的能指相反的意义赋予该语言符号的。

第二节 反语的心理属性

一 意向性

该术语是由中世纪的学者提出的，意思是指向。具有意向性的现象指向它们本身之外的相关的事物。该概念在19世纪时，被哲学家和心理学家Franz Brentano复兴。他是现象学最著名的鼻祖。Brentano指出意向性是心理和生理之间的界限，因为只有心理现象显示出意向性。[3] 他认为意向性是心理现象的不可化约性特征。

意向性是"关于"。有些事物是关于其他事物的。信念可以关

---

[1] Quine, W. V., *Naturalized Epistemology*, *Perceptual Knowledge and Ontology*, Amsterdam: Rodopi, 2000.

[2] Dennett, Daniel C., *Consciousness Explained*, Cambridge: The Penguin Press, 1991.

[3] Brentano, F., *Psychology from an Empirical Standpoint*, London: Routledge and Kegan Paul, 1973.

于冰山，但冰山却不关于任何东西。一个观点可以关于数字7，但数字7本身不关于任何东西。哲学家长期以来都很关心意向性现象的分析，意向性看来是心理状态和心理事件的基本特征。意向性对于语用学的首要重要性在于意向行为为表达提供了意义。语言表达的意义是意向性的意义。话语是说话人意义的载体（思想的载体），从对应的心理状态获取意向性。

人的一切有意识的活动都是对象性活动，意向性同对象性活动有关，意向就是意识的指向。反语的形成中也有意向性。反语不仅仅是一种语言现象，它是人类的思维方式，是人类通过某事物的反面来理解该事物的方式。说出来的句子是句法实体，即纯粹的声波和书写符号。它们能表征和表达与其字面意义相反的意义不是其内在属性，他们的表征能力不是本质的而是从心智的意向性而来的。通过这种机能，人类机体组织指向世界。

二 反语的意向性

意向性指的目的、目标、动机。Muecke 反复强调意向性是反语的必要条件。[①] 我们如果要知道如何诠释反语，我们是如何知道反语在工作的，就必须回答意向性的问题，这也是反语的中心问题。在大多数词典里所能找到的反语的定义都涉及说话人说出的字面意义和实际要表达的意义是相反的。反语是一种言语现象，是意向性行为的结果。Muecke 认为反语的正确解读在于对意向性的解读。他认为言语反语与情景反语之间的区别就在于意向性问题，言语反语是意向性的结果而情景反语是阐释的结果。Booth 对反语的研究也基于意向理论。意向性是反语研究的核心问题。[②]

在反语中涉及的意向性有两种，即说话人的意向性和听话人

[①] Muecke, Douglas Colin, *The Compass of Irony*, Routledge, 1969.
[②] Booth, Wayne C., *A Rhetoric of Irony*, Chicago and London: The University of Chicago Press, 1974.

的意向性。反语的产生依赖说话人的意向性①,话语之所以能成为反语是由于说话人想要如此。这体现在我们在阐释反语时不能忽略说话人的意图,反语之所以能传达与其字面意义相反的意义是由于说话人想要这样表达。在多数情况下,可能不是一个确定的意图,而是多个可能的意图。反语中的意向性是具有模糊性的,这就意味着听话人不得不寻找说话人意向性的依据。反语的产生是基于非常复杂和无意识的心理活动,说话人的话语中所包含的传达意图的线索是模糊的,存在于语境之中。而语境中提供的信息线索是不确定的、多样化的,如何阐释语言语境和语言外语境中的线索依赖于听话人的阐释。所以反语的产生与听话人的意向性也不可分。对意向意义的重构只能是寻找可能性,所以当不同的听话人在解读意向意义时,由于他们自身的意向性不同,可能会得出不相容甚至相反的意义。

总而言之,反语的意向性与一般的意向性是不同的。一般的意向性正如 Brentano 所定义的一样,意向性是使得心理状态或行为来表征情况或关指意向的物体,是一种心理状态和心理特征。②而反语中的意向性是反语产生的必要条件。只有当说话人想要表达的意向意义和他说出的话语的字面意义相矛盾时反语才产生。反语既涉及说话人的意向性,又涉及听话人的意向性。对说话人来说,无意向性的反语 U 不是反语,说话人必须有意图地希望他说出的这个话语被当作反语来理解。从另一方面来讲,当听话人把 U 当作反语来解释,U 才是反语,听话人 H 有意图地把说话人的话语当作反语来阐释。H 需要认识到说话人的意图来发现说话人想要表达的话语 U。反语依赖于将我们的意图揭露给观众,说话人想要达到的效果在于被隐藏起来的意向,反语就是说话人意图

---

① Muecke, Douglas Colin, *The Compass of Irony*, Routledge, 1969.
② 同上书,第 75 页。

表达的意义的承载体。而反语也依赖于听话人根据语境中的线索对说话人的意图进行重构，这个过程受到了听话人意图的影响，所以我们说意向性是反语形成的起点。

第三节　反语的物理属性

一　感受质与感受质结构

根据心智哲学，至少存在三个层次的意识，分别是感受质（第一层意识）、意向性（第二层意识）和自我意识（第三层意识）。感受质是心理状态的经验属性。第一层意识是在这三个层次的意识中最基础的，如果没有这一层次的意识，其他层次的意识不能存在。这是因为任何表征都建立在感知结构的基础上。例如，信念、欲望和意图都是意向性的，有它们的内容。第二层意识与世界上的物体的认知有关。第三层意识的基础是第二层意识，因为它涉及特定的一类意向性，没有自我意识就没有自我。

感受质是完全主观的，我感知到的红色只能由我自己获取。但感受质结构是由感受质建构起来的，部分可由其他人获取。例如，通过说"这个颜色比那个颜色深"，我可以传达的是关于我的感受质结构的信息，而不是感受质。因为感受质是独立的经验的成分，是完全主观的。但是，感受质结构是与感知形式相对应的，他人可部分获得。

关于意向性和自我意识，情况是相似的。在有共享的信念和假设其他人都是理性的基础上，我们可以感知他人的态度。但是我们不能完全自信自己知道其他人在想什么。我们总是可能错误地猜测了他人的态度。当然并不只是感受质是主观的，对所有层次的意识—感受质、意向性和自我意识来讲，主观和客观是同一物理事件的不同的认知方面。所有层次的意识内容都有主观的一面和客观的一面。意识有主观的方面，人类有自己的经验。意识也有客观的一面，所以人们能互相交际。人们处于同样的情境时，可以分享部分经验。主观性和客观性都是第二层意识和第三层意识的必要成分。

反语的产生依赖意识的主观方面和客观方面。虽然说话人和听话人都有自己的经验，但在同样的情境里，由于他们可以分享部分经验，所以说话人可以有意图地希望他说出这个话语被当作反语来理解，同时听话人 H 能有意图地把说话人的话语当作反语来阐释。说话人和听话人之所以能用反语来交际，是由于在有共享的信念和假设说话人和听话人都是理性的条件下，说话人的部分经验可由听话人获得。由于感受质作为意识的第一层次是完全主观的，而建立在感受质基础上的感受质结构是可以由他人部分获取的。所以说话人通过说出反语传达的是关于他的感受质结构的信息，而不是感受质。

二 反语与感受质结构

用作反语中心词的意义的核心成分用概念关系网络来表征，叫做感受质结构。[1] 感受质结构是关于词语概念关系的类层级结构，把一个词语的各类信息如形式（如层级关系）、构成（如构成部分）、功能 telic（如功能）和施事这四个方面联系起来。例如，老舍在《也是三角》里面的例子，"孙占元……肥头大耳的，是猪肉铺的标准美男子"，当我们使用"美男子"（p）来描述孙占元肥头大耳的外貌时，概念 {美} 和 {丑} 是外貌的次类型，{肥头大耳} 又是 {丑} 的次类型。这两个概念的反向关系与它们的

---

[1] Pustejovsky, J., *The Generative Lexicon*, Cambridge, MA: The MIT Press, 1998, p. 76.

上义概念一起形成了一个类层级结构。在这个类层级结构中，反语中心词"美"的感受质结构为推理提供了充分条件，这样的关系结构使得对"美"这个概念的创新性使用——用作反语——有规律可循。

就词项的语言特征而言，感受质结构还建立了一系列的语义限制，这是由语境中的词决定的。选择限制是一种偏好（preference），而反语是对这种偏好的违反。具体地讲，反语违反了词项之间的语义选择限制。我们使用一些例子来解释感受质结构如何受到语义的选择限制。如鲁迅的《纪念刘和珍君》中"中国军人屠杀妇人的伟绩，八国联军惩创学生的武功，不幸全被这几缕血痕抹煞了"。在该例中，从语言的系统特征来看，"伟绩"和"屠杀妇人"、"武功"和"惩创学生"的意义不存在共现关系，违反了语义的选择限制。当这种选择偏好被违反时，大脑中的运算机制就会推导出能"说得通"的解释。在反语中，如上例中的"美男子"应推理出其反义的"丑男子"才能"说得通"，所以是"反向"推理。在推理的过程中，听话人使用了将词汇概念间的百科知识关系进行编码的语义网络来作为推导的基础。反语的推理是由词语的概念知识来促进的，作为推理基础的词汇知识的表征框架可以用 Pustejovsky 的感受质结构来解释。[1] 感受质结构是词义的生成机制，使得词义不是静态的，而是动态的，因此语言能够创造性地使用，如反语。

第四节　反语的心理属性与物理属性的关系

反语有感受质结构作为它形成的基础，反语的感受质结构与

---

[1] Pustejovsky, J., *The Generative Lexicon*, Cambridge, MA: The MIT Press, 1998, p. 76.

它的上一层级的意识——意向性的关系又是怎样的呢？反语的感受质结构来自感受质，是大脑的物理属性，而意向性是一种大脑的心理属性。随附性在本书中被用来解释反语意向性和反语中心词的感受质结构的关系。心理属性随附在物理属性上，指的是心理属性是由物理属性决定的。随附的属性是涌现的，是我们赋予了因果力的属性，具有下向因果力影响物理属性（随附的基础）。随附的属性（心理属性）能限制和修改原生属性（物理属性）。

在心智哲学中，随附性是用来解释心身之间的关系——大脑的心理属性和物理属性之间的关系的。心理属性是随附于物理属性的，心理状态是由大脑状态的改变带来的，但不是反之亦然。随附性概念指的就是那种不同于"等同""还原""决定"等概念但又与之有某种微妙关系的复杂的依赖、依变、协变关系，是过去的二元论、同一论所把握的关系之外的、又介于它们之间的一种特殊的关系（高新民，1998）。具体言之，说 A 随附于 B 至少概括了以下几种情况：（1）协变，即 A 中的变化是与 B 中的变化有关的。（2）依赖，即 A 依赖于 B。（3）决定，即 A 之所以如是，至少是由 B 中的因素及其相互作用所决定的。（4）非还原性，A 随附于 B、由 B 决定，但又有自主性。（5）非二元性，有自主性并不意味着绝对的独立性，A、B 都在物理世界之内。

感受质结构与意向性的随附性（supervenience）可以解释反语的动因（motivation）。设反语中心词的字面意义的感受质结构是 P，实际意义是 Q，意向性是 M，我们来分析一下 P，Q 和 M 的关系。

反语中心词 P 的概念可以分解成为属性 P_1，…，P_n，序列 P_1，…，P_n 之间有关系 R，P_1，…，P_n 构成了关系结构（relational structure），这种关系结构是 P 的感受质结构，是说话人大脑的物理状态。在某个语境下，P 涌现出心理属性 M，M 可以下向因果地限制和修改原生属性 P，使 P 变成 Q。P 和 Q 是处于同一个感受质结构中相关联的两个概念。感受质结构是涌现基础。[①] 反语的研究基于以下两个原则：

    1. 物理实现原则：每个涌现的事件或属性 M 一定要被 P（涌现基础）的某个属性或物理事件所实现（决定，或随附于）。

    2. 因果传承原则：如果 M 在一特定语境中被 P 所实现，那么 M 的因果力与 P 的因果力是可以传递的。

反语的生成和理解是两个过程，说话人是有意图地希望他说出这个话语被当作反语来理解和听话人 H 有意图地把说话人的话语当作反语来阐释。

    1. 反语生成：说话人的意向性是自主的，通过心理活动传递给言语形式，完成心理活动到言语表达的过程。说话人的意向性依赖于他要表达的言语的感受质结构，但是又有自主性，所以他可以选择与他要表达的实际意义相反的言语来传达他的意向性，并意图听话人能够理解。说话人的意向性随附于反语中心词的感受质结构。如上例"孙占元……肥头大耳的，是猪肉铺的标准美男子"。说话人想表达的是孙占元的丑，但在一定的语境中他自主选择与他要表达的实际意义相反的言语"标准美男子"来传达他的意向性。上例中的美、丑在感受质结构中是反向相邻的两个概念。感受质结构有客观的一面，所以说话人相信听话人有可能理解他的意图。

    2. 反语的理解：听话人能够理解反语是由于假设 P 的涌现属性 M 导致了 Q。M 有自己的物理的涌现基础 P。P 的出现是 M 出

[①] Kim, Jaegwon, Supervenient Properties and Micro-Based Concepts: A Reply to Noordhof, *Proceedings of the Aristotelian Society*, No. 99, 1999, pp. 115 – 118.

现的充分条件。运用到反语的研究中，P 就是反语中心词的感受质结构，而 M 是比 P 高一层级的意识——意向性。M 所具有的下向因果力修改和限制了 P 的属性，使 Q 产生。P 和 Q 的关系是处在同一感受质结构中有反向关系的两个概念。上例中，反语表达式激发了听话人大脑中的关于反语中心词"美男子"的感受质结构，在一定的语境中，涌现出了意向性为说话人想要讽刺挖苦。意向性对反语中心词的感受质结构产生了下向因果力，使听话人可以在反语中心词的感受质结构中循着反向关系结构推导，得出反语的实际意义是要表达孙占元的"丑"，识别出说话人的实际意图。

第五节 心智哲学视角下反语的工作机制

说话人的意向性随附于反语中心词的感受质结构，在一定的语境下推衍出反语表达式。而反语理解的过程为，反语表达式激发了听话人对反语中心词的感受质结构，在一定的语境下涌现出意向性下向因果地作用于反语中心词，使得听话人能推导出反语的实际意义。

一 正话反说

在使用反语时，说话人说话是为了表达与词语本意相反的意义，可能有更进一步的意图来显示讽刺。反语主要可以分为两种，即正话反说和反话正说。正话反说是为了风趣、幽默、诙谐而说的反语，字面表达的是贬义，实际上是表达褒义，或因情深难言，或因避嫌忌说，并不包含讽刺嘲弄之意。正话反说类型的反语是以说话人想要表达积极态度如喜爱、亲昵、赞扬等意向性为起点。说话人没有按线性因果关系相应地选择褒义词来表达他的意图，而是选择了一个贬义词来表达他的意向性，并意图听话人把该话语当作反语来理解。该反语激发了听话人对该反语中心词的感受质结构，在一定语境中，该中心词的物理属性涌现出了心理属性——意向性。意向性是随附属性，对原生属性——中心词的感受质结构具有下向因果力，因此使听话人在中心词的感受质结构中进行反向推理，从而推导出反语的实际意义。如：

（1）张腊月郑重地说："不过拉自己老婆后腿的党员也有的是呢，我那个死鬼，就是这路货。"

（王次石：《新结识的伙伴》）

(2) Doll. Ah, you sweet little *rogue*, you! Alas, poor ape, how thou sweatest! Come, let me wipe thy face; come on, you whoreson chops; ah, rouge! I'faith, I love thee; thou art as yalorous as Hector of Troy, worth five of Agamemmon, and ten times better than the Nine Worthies; ah, villain.

在例（1）和例（2）中，死鬼和 rogue 都是以用来称呼心爱的人的意向性为起点的。这两个反语是如何生成和理解的呢？这两个反语都以说话人想要表达喜爱和亲昵的意向性为起点，说话人故意选择了与他想要表达的实际意义相反的反语中心词来表达他的意向性，并希望听话人把他的话语当成反语来理解。他的意向性是建立在反语中心词的感受质基础上的，所以听话人才有可能识别出说话人的意向性。"死鬼"和"rogue"这两个词和它们的相反概念都处于类层级结构中的同一上义词之下。从反语的理解来讲，该反语表达式激发了听话人关于中心词"死鬼"和"rogue"的感受质结构，在一定的语境下，涌现出了意向性——说话人想表达喜爱和亲昵之情，这样的意向性是随附属性，对反语中心词"死鬼"和"rogue"的感受质结构这种原生属性又有一种下向因果力，促使听话人从类层级结构里的临近的相反的褒义的概念推理出这两个词的实际的说话人想表达的意思。

(3) 已经借来了，再送回去，倒叫她多心。我看她那副认真为难的样子，又好笑，又觉得可爱。不知怎么的，我已从心里爱上了这个傻乎乎的同志。

(茹志鹃：《百合花》)

在例(3)中，"傻乎乎"的本意是指智力低下，有贬义。但在该句子中用作反语。这个反语的产生可以阐释如下，说话人为了表达他的喜爱之情，故意选择了与他意图表达的意义相反的中心词来表达，并意图听话人能将他的话语当作反语来理解。说话人选择的中心词的感受质结构是可以部分被听话人所获取的。听话人的关于反语中心词的感受质结构被激发以后，在一定的语境中，涌现出了更高一级的意向性——说话人想要表达对这个"傻乎乎"的人的喜欢。这种随附属性对其下一级的词语——"傻乎乎"——产生了下向因果力。在类层级结构中"傻乎乎"的上义词是"令人讨厌的品质"，在下向因果力的作用下在感受质结构这样的类层级结构里产生了逆向推理，但是在比"傻乎乎"这个词高一级的上义词——"令人讨厌的品质"——那里发生的，所以逆向推理得出的是"令人喜欢的品质"。

(4) 时间永是流驶，街市依旧太平，有限的几个生命，在中国是不算什么的。

(鲁迅：《纪念刘和珍君》)

在例(4)中，说话人故意选择与他要表达的实际意义相反的中心词"不算什么"来向听话人传达他的意图。对于听话人来说，中心词与表达式中的其他成分互动,在一定的语境下涌现出了意向性——说话人想要表达对这一事件的痛心、震惊。这一随附属性对中心词感受质结构的下向因果力使中心词的意义出现了逆转的现象,从而反语产生了。

(5) 他笑着回答:"可不是?咱福都享够了,这回该分给咱二亩地,叫咱也受受苦吧——要是再分给一个老婆,叫咱也受受女人的罪才好呢!"

二 反话正说

反话正说类型的反语是以说话人想要表达消极态度为起点的。说话人没有按因果关系相应地选择贬义词来表达自己的意图,而是选择了一个褒义词来表达,之所以可能这样做是由于心身随附性。比说话人所选择的表达意图的词语更高一层级的结构——句子,在一定语境下,涌现出了与该词语本意相反的新质。这种新质对说话人选择的那个词语产生了下向因果力,使该词的所指出现了由褒义到贬义的推理,反语就形成了。如:

(6) 在"XX 诗案"中,一位仅仅以诗歌讽刺官员不良行为的公民身陷牢狱,这"得益于"党政领导非法干预司法。
("XX 案判决结果挑战法治文明",搜狐评论,2007 年 5 月 27 日)

(7) 你问我家姚老五的技术吗?太差劲了,他做的门窗硬是找不到缝儿,他刨的木板,连苍蝇也落不住。
(乐牛:《关主任》)

(8) 孙占元……肥头大耳的,是猪肉铺的标准美男子。
(老舍:《也是三角》)

根据整体——部分随附性，词义是部分而句义是整体，词义对句子的意义有上向因果力的作用，也就是说词义按照一定的语法结合起来就成为了句义，构成句子的词语的意义对句子的意义有上向因果力的作用。如例（6）、例（7）、例（8）中的下划线部分是反语，它们的字面意义的功能性质是赞扬，但和其他词结合在一起后，涌现出一种新质——与词语的功能性质相反的功能性质。由一种上向因果力决定了句子的意义。这三个句子的整体功能性质是贬损。功能性质一旦发生变化，根据整体—部分随附性的定义，词语的意义也发生变化。句子的功能性质对词语的功能性质产生了下向因果力，使得组成它的词语的功能性质也产生了反向的变化，反语就形成了。

（9）……丁四：大妈，您专会说吉利话。

（老舍：《龙须沟》）

（10）好个"友邦人士"。

（鲁迅：《友邦惊诧论》）

例（9）和例（10）的反语的形成需要考虑整个语篇的功能性质，而不像例（7）和例（8）那样只考虑句子的功能性质。我们了解到例（9）和例（10）的语篇的功能性质都是贬损的，这与下划线的词语的本意是褒扬产生了矛盾。是根据整体—部分随附性，整体的功能性质发生了变化，那么部分的功能性质也要发生变化，整体对部分产生了下向因果力，使得组成它的词语的功能性质变成了它的反义，反语就形成了。

三 结语

我们用心智哲学中对语言研究有启发的内容构建理论框架来阐释反语的成因。反语的认知基础是感受质。反语的本意 P_1 和实

际意义 P_2 的关系不同于一般的因果关系,而是具有随附性的,即 P_2 随附于 P_1。P_1 决定 P_2,P_2 依赖 P_1,但 P_2 又具有独立性。承载着含义的语言单位所表征的事物的物理属性决定着心理属性,但是依赖的程度对于推导者来说,有很大的自由度,推导者具有自由意志。从反语的 P_1 推导出 P_2 是由于随附性——身心间因果关系的解释。心智哲学的视角在解释反语时显示出了新意,心智哲学很可能成为今后语言学研究的一个新方向。

第九章

心智哲学视角下的成语研究

第一节　前言

　　成语是汉语的重要组成部分，有其独有的特征。汉语成语多为四字构成，结构对称，发音富有韵律感。另一个关于成语的定义是在《语言与语言学词典》中出现的。成语被定义为"具有特殊的、通常并不等于单个词义总和的含义的词组，通常不能逐字直译成另一种语言，这样会失掉其特殊的意义"。成语被定义为意义具有不可分解性的词组，其实际意义不能单从字面意义来理解。成语的意义为规约化意义，在漫长的历史进程中逐渐约定俗成。《现代汉语词典》把成语定义为"人们长期以来习用的、形式简洁而意思精辟的、定型的词组或短语。汉语的成语大多由四个字组成，一般都有出处。有些成语从字面上不难理解，有些成语必须知道来源或典故才能懂得意思"。该定义突出了成语的结构特点和语义特征，说明成语意义的两个层次，即字面意义和含义。

　　根据最常见的定义，成语的整体意义不能从其构成部分意义来进行推测。成语是约定俗成的词组。关于成语意义的组构性（compositionality），学者们有不同的观点。特别是对于成语的意义是否可分解的争论从来都没有停止过。早期的生成语言学的研究就假设成语的语义具有整体性、不可分解性。① 近年来,这种观点受到了很大的挑战,研究表明成语的语义是可以分解的。②

Cacciari 和 Glucksberg③ 指出成语的语义内容既包括整体的意义又包括每个词的意义。他们指出,当理解成语的意义时,其比喻意义(整体意义)和字面意义(构成成语的每个词的意义)都被激活了。他们也提出字面意义先于比喻意义被激活。这个观点的问题在于他们运用了语义二分法,清楚地划分了比喻意义和字面意义。徐耀民也曾对汉语成语字面意义和隐含意义的区分问题进行过研究。④ 有些汉语成语并没有比喻意义,其字面意义就是它们的实际意义,语义具有组构性,如"能者多劳""劳苦功高""自力更生"等,其整体意义等于构成成分意义之和。另一类成语的整体意义与其构成成分的意义有一定关系,整体意义部分等于构成成分的意义之和。如"狐假虎威""龙吟虎啸"等。而有些成语整体意义与构成成分的意义非常不同,如"瓜田李下""刻舟求

---

① Chomsky, N., *Aspects of the Theory of Syntax*, Cambridge, MA: The MIT Press, 1965.
Fraser, B., Idioms within a Transformational Grammar, *Foundations of Language*, No. 6, 1970, pp. 22 – 42.

② Cacciari, C., and Glucksberg, S., Understanding Idiomatic Expressions: The Contribution of Word Meanings. In G. B. Simpson (ed.), *Understanding Word and Sentence*, Amsterdam: Elsevier, 1991.
Gibbs, R., What Do Idioms Really Mean?, *Journal of Memory and Language*, No. 31, 1992, pp. 485 – 506.
Gibbs, R., and Nayak, N., Why Idioms Mean What They Do, *Journal of Experimental Psychology: General*, No. 120, 1991, pp. 93 – 95.

③ Cacciari, C., and Glucksberg, S., Understanding Idiomatic Expressions: The Contribution of Word Meanings, In G. B. Simpson (ed.), *Understanding Word and Sentence*, Amsterdam: Elsevier, 1991.

④ 徐耀民:《成语的划界、定型和释义问题》,《中国语文》1997 年第 1 期,第 18 页。

剑"等,其意义具有不可分解性。正如Langacker[1],Talmy[2]和其他人所提出的那样,成语意义的组构性是个连续统。根据组构性的强弱,可将成语分为高组构性、中组构性和低组构性。

Gibbs赞成成语意义的组构性,他指出有些成语的语义是不可分解,但他也怀疑成语的字面意义和喻意是否泾渭分明,喻义需从本义推断。而且他也不赞同在理解成语时,字面意义与喻义需要同时被激活。Gibbs认为可能只有喻义被激活。此外,Gibbs还论证了隐喻思维是理解成语的理据。如成语"怒火中烧"是以人们对愤怒的经验和思维为理据的。和愤怒相关的成语都反映出这个隐喻,如"火冒三丈"。[3] 从认知语言学的角度来研究成语,但他没有说清楚隐喻的映射是如何运作的,以及如何从实证中得到验证。在认知语言学家看来,这些成语都不是任意的,而是以概念经验为理据的。大多数的成语都基于概念隐喻和转喻,产生于源域和目的域的系统的概念映射。[4] 徐盛桓则从相邻相似的角度提出汉语的成语具有不完备性,要据其显性表述所体现的常规关系对其显性表述进行补足或阐释。[5]

Geeraerts也支持成语意义组构性的观点。[6] 和Gibbs[7]一样,他假定成语的意义理解涉及的不仅仅是从词语的字面意义去推断

---

[1] Langacker, R. W., *Foundations of Cognitive Grammar*, Vol.1, *Theoretical Prerequisites*, Stanford, CA: Stanford University Press, 1987.

[2] Talmy, L., *Relation of Grammar to Cognition*, In B. Rudzka-Ostyn (ed.), *Topics in Cognitive Linguistic*, Amsterdam: John Benjamins, 1988.

[3] 同上。

[4] Levinson, S. C., Pragmatics and the Grammar of Anaphora: A Partial Pragmatic Reduction of Binding and Control Phenomena, *Journal of Linguistics*, No.23, 1987, pp.379–434.

[5] 同上书,第24页。

[6] Geeraerts, D., Lexicography, In D. Geeraerts and H. Cuyckens (eds.), *The Oxford Handbook of Cognitive Linguistics*, Oxford: Oxford University Press, 2007.

[7] 同上。

其隐含意义。Geeraerts 认为，单个的词语会影响成语的整体意义，同时成语的整体意义又能够影响单个词语的意义。[①] 他的论证是纯粹理论性的，没有实证的依据。

关于成语意义之争的很多研究都围绕着其意义的组构性和可分解性展开。成语的本义和喻义之间的关系、整体意义和构成成语的单个词语意义的关系是争论的焦点。成语不仅是一种语言现象，更重要的是成语应该作为心理现象来研究，语言现象是心理现象的衍生。成语的喻义为心理属性，其产生有赖人们的认知加工。

认知语言学研究语言的一个重要的原因是假设语言反映了思想。通过研究语言可以了解语言的本质、结构和思想的组织。因此，从这个角度研究语言就是研究概念化的模式，从而研究人类的认知功能。认知语言学与其他语言研究思路不同的是假设语言反映出人类心智的基本性质和本质特征。认知语言学是一个较新的语言研究流派，发源于交叉学科——认知科学的研究。而心智哲学是认知科学的一部分。成语的隐含意义的产生需要认知的加工，是心理属性。心理属性到底是如何产生的？成语的整体意义和构成成分的意义是什么关系？本文企图从心智哲学中汲取有用的理论来解释以上问题，从而探讨人们如何对成语的字面意义进行加工，最后获得隐含意义的。

第二节 成语与感受质

一 感受质

心智哲学是对心灵的本性、精神事件、精神功能、精神性质

[①] Geeraerts, D., Lexicography, In D. Geeraerts and H. Cuyckens (eds.), *The Oxford Handbook of Cognitive Linguistics*, Oxford: Oxford University Press, 2007.

和认知,以及它们和物理身体的关系的本性(心身问题)的哲学性研究。莫里斯根据符号学和实用主义提出 pragmatics 的含义。他的讨论是从符号过程开始的。在讲 pragmatics 时,莫里斯提出 pragmatics 研究的符号和解释者之间的关系。莫里斯认为传统的符号学研究基本上是心灵主义的,他们把心灵看成符号解释者,把思想和概念看成解释。① 现代心智哲学关心的主要问题之一就是感受质的问题。感受质指的是我们对于世界的主观经验,包括我们经验的属性。

感受质的存在是认知科学和心智哲学的问题,因为我们经验的主观感觉只在心智中存在。根据传统的观点,感受质有以下特点:不可言说、内在的、在意识里是能理解的。Qualia 是一个拉丁语词,意思是什么种类的,是哲学中的一个用来描写主体意识经验的术语。Daniel Dennett 认为感受质是一个对我们来说再熟悉不过的术语:事物看起来是怎样的。② 感受质的本质或"原始的感觉"一直都是一个哲学话题。例如看到的苹果,视觉上感受到的是红色。感受质被认为本质上是纯粹主观的,一直以来是二元论和唯物主义争论的中心问题,且为心智哲学的核心问题。这个问题将意识的问题化约到最原始的样式。如成语"虎虎生威",这个语言表达式使感知主体感受到虎的外形体态等视觉经验,感受到害怕。不管是我们的视觉经验还是我们害怕的感觉,都会对应到某些我们特定的脑神经状态。又如"望梅止渴",青梅的酸味能使人分泌大量唾液,达到解渴的作用。所以当我们看到青梅时,也感受到青梅的味觉经验,感受到酸味。

---

① Geeraerts, D., Lexicography, In D. Geeraerts and H. Cuyckens (eds.), *The Oxford Handbook of Cognitive Linguistics*, Oxford: Oxford University Press, 2007, p. 17.

② Dennett, D., Quining Qualia, In W. Lycan (ed.), *Mind and Cognition*, Oxford: Blackwells, 1990, pp. 519–548.

二 成语喻义产生的理据

成语的隐含意义的产生是以构成成语的核心词的感受质结构为理据的。成语的意义的产生,需对其构成成分的意义进行加工。对于中组构性和低组构性成语来说,仅将其组成成分的字面意义相加是不能获得成语的实际意义的,还需要对成语构成成分的意义进行扩充。Pustejovsky 在感受质的基础上,在他的生成词汇学里提出了感受质结构,将词汇的缺省扩展超出词汇的层面到达了与语用推理接触的界面,并详细地描述了信息扩展的理据和机制。[①] 感受质结构可以解释听话人的百科知识是如何被编码到词语之中的,是语言知识和非语言知识的界面。

Pustejovsky 认为感受质可以被分成四类,形式(formal)、构成(constitutive)、动因(agentive)、功用(telic)。[②] 如名词"花"的形式感受质包括分类结构,可以辨明花的各种亚种。如花的维度、颜色、质地、重量、气味等。构成感受质是物体组成的材料和构成部分的结构,包括一个事物的结构属性。动因感受质将事物如何生成的信息进行编码。功用感受质描写对象有何种目的和用途。感受质的结构还可以被调适为各种活动,这就说明了感受质不仅适用于名词,还可以应用于动词。"感受质"必须由语言或行为表达出来后才能为我们所知道和理解。过程性事件或情节也可用感受质结构来表示。

成语隐含意义产生的过程是一个听话人在语言表达式中心词的感受质结构框架内搜索匹配的槽值,扩展说话人的信息内容,寻求说得通的解释过程。对于中组构性的成语而言,可以通过其构成成分的核心词的感受质结构来扩充信息,获得成语的比喻意

[①] Pustejovsky, James, Type Theory and Lexical Decomposition, *Journal of Cognitive Science*, No. 6, 2006, pp. 39–76.

[②] 同上。

义。如"抛砖引玉",关于其核心词"砖"和"玉"的感受质结构被激活了。"砖"和"玉"的形式感受质包括它们的颜色、质地、重量、价值等。听话人获取了这些信息后,就可对构成成语词语的语义进行匹配、选择,寻求说得通的解释,推导出其喻义为用价值低质量差的东西来引出价值高的东西。又如"雪中送炭",该成语中的核心词"雪"的感受质结构中的形式感受质被激活,同时核心词"炭"的功用感受质被激活,推导出其喻义为在困难中给予帮助。

低组构性成语的意义不能分解,而是作为一个整体来存在。低组构性成语的整体意义不能从其构成成分的意义来进行推断,只能是作为一个整体事件或情节的感受质结构被激活。一个事件也有形式感受质、构成感受质、动因感受质和施事感受质。形式感受质为事件的状态,构成感受质为事件发生的过程和步骤,动因感受质为事件的起因等,而施事感受质为事件的目的。如"刻舟求剑"和"破釜沉舟",就是以整个事件的感受质结构为理解的动因。把该成语的典故作为一个事件,其动因感受质和施事感受质被激活了,成为推导其含义的理据。

第三节 成语与随附性

一 意向性

感受质结构是反映了大脑的物理属性。意向性是高于感受质的意识,是心理属性。心理属性随附在物理属性之上。物理属性决定了心理属性,从物理属性中涌现出了心理属性。而心理属性又具有下向因果力,影响、限制和修改物理属性。心理属性是不能还原成物理属性的。成语的本义和喻义之间就是这种随附关系。

语言的表征能力不是本质的而是从心智的意向性而来的。Searle 就曾经提出过，在他研究思路背后的基本假设就是：语言哲学是心智哲学的一个分支。① 语言来表征物体和事物的能力是心智的基本生物能力的扩展。

在成语中涉及的意向性有两个层次——意向内容和意向态度。说话人的意向态度是想要用成语来表达其隐含意义，而意向内容是说话人想要用该成语来"指向"语境中的什么物体、事件。在不同的语境中，说话人意图用成语来指向的事件和物体是不同的。如在"这篇文章中你加入的这句话真是画龙点睛之笔呀"和"房间里变幻的灯光对那本已十分华丽的布置起了画龙点睛的作用"中，成语"画龙点睛"的意向内容是不一样的，前者是指"话语"，而后者是指"灯光"。

意向性正如 Brentano 所定义的那样，是使心理状态或行为来表征情况或关指意向的物体，是一种心理状态和心理特征。② 而成语中的意向性是成语产生的必要条件。成语将我们的意图揭露给听话人，说话人想要达到的效果在于被隐藏起来的意向，成语就是说话人表达意向意义的承载体。而成语也依赖于听话人根据语境中的线索对说话人的意图进行重构，这个过程受到了听话人的意图的影响，意向性是成语形成的起点。

二 随附性

随附性概念指的就是那种不同于"等同""还原""决定"等概念但又与其有某种微妙关系的复杂的依赖、依变、协变关系，是过去的二元论、同一论所把握的关系之外的、又介于它们之间的一种特殊的关系（高新民，1998）。成语的字面意义随附于隐含

---

① Searle, J. R., *Intentionality: An Essay in the Philosophy of Mind*, Cambridge: Cambridge University Press, 1983.
② 同上书，第 75 页。

意义是指它们之间关系是协变的，隐含意义依赖于字面意义，字面意义决定了隐含意义但隐含意义又有自主性。

成语核心词的字面意义 P 的概念可以分解成为属性 P_1，…，P_n，序列 P_1，…，P_n 之间有关系 R，P_1，…，P_n 构成了关系结构（relational structure），这种关系结构是 P 的感受质结构，是说话人大脑的物理状态。感受质结构是涌现基础（Kim, 1998）。在某个语境下，P 涌现出心理属性 M，M 可以下向因果地限制和修改原生属性 P，使 P 变成 Q，Q 为成语的隐含意义。

听话人能够理解成语是由于假设 P 的涌现属性 M 导致了 Q。P 的出现是 M 出现的充分条件。运用到对成语的研究中，P 就是成语中心词的感受质结构，而 M 是比 P 高一层级的意识——意向性。M 所具有的下向因果力修改和限制了 P 的属性，使 Q 产生。如"一字千金""字字珠玑"，这些成语表达式激发了听话人大脑中的关于成语中心词"金"和"珠玑"的感受质结构中的形式感受质，在一定的语境中，涌现出的意向性为说话人想要褒奖文章的价值很高。意向性又对成语中心词的感受质结构产生了下向因果力，使听话人可以在成语中心词的感受质结构中析取出其形式感受质——价值高，得出成语的实际意义。

第四节 小结

上文讨论了成语的整体意义和构成成分意义的关系，提到了心智哲学中的感受质结构、意向性、随附性等概念。在这些概念的框架内，探讨人们如何对成语的字面意义进行加工，最后获得隐含意义的。人们开始的时候感知的是成语的物理属性，获得的是对它的原初意识。在被激活的感受质框架内，产生了心理属性，扩展了原初意识。这个过程是在语境和意向性的统制下进行的。

成语的心理属性和物理属性不同于一般的因果关系，而是心理属性随附于物理属性，即物理属性决定心理属性，心理属性依赖物理属性，但心理属性又具有独立性。在心智哲学的框架内研究语言现象，探讨人类心智问题还有很大的潜力可挖掘。

第十章

心智哲学视角下的一般会话含义

第一节 引言

当前语言研究的趋势是越来越重视人的因素在语言运用中的作用，目前是更为重视人的大脑功能和认知状态对于语言运用的影响，因此也就越来越关注心智对语言运用的解说，以说明意义是如何建基于更具生物学意义的心脑关系之上的。[①] 心智哲学视感觉信息表达为语言运用的基础，因此深入研究基于感觉的认知信息处理及其计算过程是语言研究的一种可行的方法，这也给语用学中的一般会话含义研究带来了新的思路。

Grice 区分了语用学和语义学、规约含义和会话含义。会话含义是听话人为了确保说话人在交际中是合作的而需要假设的命题，Grice 还把会话含义分为一般会话含义和特殊会话含义。新 Grice 主义的集大成者——Levinson 区分了三个层次的意义，句子的类型意义（与 Grice 的字面意义相近）、话语的符号意义、话语的类型意义。其中，最后一类就是一般会话含义。Levinson 指出一般会话

---

① 徐盛桓：《心智哲学与语言研究》，《语言学》（人民大学复印资料）2011 年第 2 期，第 1—5 页。

含义的产生是由话语的结构产生的，也就是说是由语言的结构，而不是由于特定话语的语境而产生的。[1] 一般会话含义来自自主的、缺省的推理。缺省推理的理论的确区分了一般会话含义和特殊会话含义，认识到了一般会话含义的约定俗成性和独立于语境的本质。基于 Grice 的三条准则，Levinson 提出了新 Grice 三原则，即 Q 原则、I 原则和 M 原则。在这三原则的基础上，Levinson 又区分了三种一般会话含义——级差含义、信息量含义和方式含义。本书所探讨的一般会话含义仅限于信息量含义。

信息量含义基于 Levinson 的信息量原则，与 Grice 的第二条数量准则相联系。说话人以最少的说明得到的是听话人最大限度的信息扩充和常规关系的阐释。信息量原则具体来讲就是说话人说得尽可能少，而听话人需找具体的解释的方法扩展说话人话语的信息内容。而说话人的信息为什么能扩展？如何得到扩充的？Levinson 提出了说话人准则——最小化准则，"说得尽可能少"，即只提供实现交际目的所需的最少语言信息来进行听话人推理：充实规则来解释。

通过寻找最具体的解释（直到认定说话人意图所在为止）的方法扩展说话人话语的信息内容。

Sperber 和 Wilson[2]，Horn[3] 都认为应该用关联性来涵盖此准则，而 Levinson 却坚持认为信息数量和关联性有着本质区别，"关联性主要不是关于信息数量的——关联性是关于实现交往目标的

---

[1] Levinson, Stephen C., *Presumptive Meanings: The Theory of Generalized Conversational Implicature*, Cambridge: The MIT Press, 2000, p. 1.

[2] Sperber, Dan and Deirdre Wilson, *Relevance: Communication and Cognition*, Beijing: Foreign Language Teaching and Research Press, 2001.

[3] Horn, L. R. 1984., Towards a New Taxonomy for Pragmatic Inference: Q-based and R-based Implicature, In Schiffrin, D. (ed.), *Meaning, Form, and Use in Context: Linguistic Applications*, Washington, D. C.: Georgetown University Press, 1984, pp. 11–42.

及时程度的"。①

信息量含义产生的过程中涉及的信息扩充的意识活动实际上就是意义的具体化和经验化过程。语词是物理符号，本身没有任何意义，必须被赋予意义。例如当表达"书"，书的符号引起我们的意识行为时，我们的意识中出现了抽象的书的表象（书的概念）和具体的书的表象（如小说、辞典等）。如果用心智哲学中的观点来解释，这种意义的具体化和经验化是因为我们的大脑中存在感受质，这是一个智能体拥有意识的核心条件。② 在语言表达上，对感受质的关注更多地来自 Pustejovsky 在他的生成词汇学里提到的感受质结构，将词汇的缺省扩展超出词汇的意义层面到达了与语用推理接触的界面，并详细地描述了信息扩展的理据和机制。③

第二节　感受质结构——信息量含义的生成理据

现代心智哲学的主要关注的问题之一是感受质。感受质指的是我们对于世界的主观经验，包括不能存在于我们心智之外的世界中的经验属性。但现代意义上对"感受质"概念的分析却始于 C. S. 皮尔士，尔后 C. I. 刘易斯将其真正引入心智哲学讨论中。Qualia 是一个拉丁语词，意思是"什么种类的"，是哲学中的一个用来描写主体意识经验的术语。感受质指的是我们对于世界的主观经验，包括不能存在于我们心智之外的世界中的经验的属性。感受质一直以来是二元论和唯物主义争论的中心问题，也是认知

---

① Horn, L. R. 1984., Towards a New Taxonomy for Pragmatic Inference: Q-based and R-based Implicature, In Schiffrin, D. (ed.), *Meaning, Form, and Use in Context: Linguistic Applications*, Washington, D. C.: Georgetown University Press, 1984, p. 20.

② 李恒威、王小潞、唐孝威：《表征、感受性和言语思维》，《浙江大学学报》2008年第5期，第27—33页。

③ 同上书，第78页。

科学和心智哲学的问题，这是因为我们的主观经验的感觉只是存在于心智之中。

一 感受质与感受质结构

在当代心智哲学中，"感受质"问题原本是与我们关于外部对象的知识有关的，而知识的构成和表达所直接关系到的应当是能够存在于主体间的感觉经验。就是说，只有那些可以用清晰语言表达并能够得到科学验证的经验，才能成为我们通常意义上的知识。[①] 正是感受质是在人们的意识经验中的"为我"的方面，使思维活动有了定向，为思维活动赋予了实际的意义。[②]

如前所述，"感受质"必须由语言或行为表达出来才能为我们所知道和理解。Pustejovsky 提出的感受质结构具体描述了我们如何将感受质编码到词语之中。感受质结构提供了语言知识和非语言知识的接口，解释了人的经验知识是如何进入词义之中的。[③] 感受质结构是框架的形式，框架适合表达结构性的知识。所以，概念、对象等知识最适于用框架表示。其实，感受质结构中的槽就是词语描述对象的属性或状态，槽值就是属性值或状态值。不仅如此，感受质结构还可以表示行为（动作），所以，有些过程性事件或情节也可用感受质结构来表示。

二 感受质结构与信息量含义的生成

感受质结构指的是词的所指对象的构成、指向、怎样产生以及用途和功能，包括构成角色、形式角色、功用角色和施事角色。

[①] 王姝彦：《"可表达"与"可交流"——解读"感受质"问题的一种可能路径》，《哲学研究》2010 年第 10 期，第 94—99 页。

[②] 李恒威、王小潞、唐孝威：《表征、感受性和言语思维》，《浙江大学学报》2008 年第 5 期，第 27—33 页。

[③] Pustejovsky, J., *The Generative Lexicon*, Cambridge, MA: The MIT Press, 1995.

形式角色代表着将一个物体和更大范围内的其他物体区分的特征，如 dictionary 是承载信息的物体，形式角色结合了信息和物体两个子概念。dictionary 的形式角色可以描述为 Formal = hold（e, x, y），且 x = info, y = physobj。构成角色表达的是物体和它的组成部分的关系，dictionary 是由 word 构成的，可表示为 CONST = part_of（x, y, dictionary）。功能角色表明了物体的目的和功能，如 dictionary 的作用就是供人查阅的，可表示为 TELIC = read（e, x, y）。而施事角色描写对象是怎样形成和产生的，如 dictionary 可以是买来、借来的或自己写的，所以施事角色可以描述为 AGENT = borrow/write/buy（e, w, x, y）。感受质结构有四个槽，分别为形式、构成、功能和施事。一个槽有一个槽值或者有若干个侧面，而一个侧面又有若干个侧面值。

如上例，dictionary 功能感受质中有一个槽值等同于 reading，施事感受质中可以有两个槽值如 borrow、buy 等。在这一过程中，由 dictionary 的感受质结构和特定的词语 John 的组合产生了附加的意义。例如，John's dictionary 中的 dictionary 的一般会话含义为 John 读的字典、买的字典、借的字典、查阅的字典等。感受质结构不仅可以表示事物的属性、状态、行为等，而且更适于表示事物之间的关系和联系。而表示一个事物的层次、状态、行为的语义网络，也可以看作是该事物与其属性、状态或行为的一种关系。感受质结构表示的是关系（或联系）。该例子中信息量含义的产生都是以感受质结构为动因，而不是任意的和随意发散的。

第三节 基于感受质结构的信息含义的生成机制

一 信息量含义推理

一般会话含义有两个重要的属性：推理的缺省性和可撤销性。

在信息含义的推导过程中，首先把推理所需的额外信息用感受质结构中的槽值表现出来，然后与中心词的感受质结构进行匹配搜索，匹配成功，则可获得缺省的槽值。如果不能通过直接匹配得到结果，那么还需要进行搜索，通过从其所在的类层级结构中的上义词的感受质结构继承各种角色信息。

在信息量含义的推导过程中，如"John's dictionary"，dictionary 的功能感受质需要通过继承来获得结果，一直搜索到其上位词"参考书"的感受质结构。再通过继承"参考书"的"查阅"功能感受质，这样才能得到信息扩充说话人的话语，从而推导出 John's dictionary 的含义为 John 查阅的辞典。

二 信息含义的运行机制分析

信息量含义的产生的过程是一个听话人在语言表达式的中心词的感受质结构的框架内搜索匹配的槽值，扩展说话人的信息内容，寻求说得通的解释的过程。如 John's dictionary 这一语言表达式的一般会话含义的产生是基于在 dictionary 的感受质结构内进行搜索匹配的槽值，如果找不到，就要沿着节点搜索到该词的类层级结构中上义词，从上义词的感受质结构继承各种角色信息。如 dictionary 就将其上义词的感受质结构继承角色作为槽值来填充其感受质结构中的空槽。如从 reference 继承功用角色（T）consult，从 compiled matter 继承施事角色（A）compile，从 book 继承形式角色（F）hold 来扩充说话人信息，生成一般会话含义。

Levinson 将信息含义分为以下六类，下文将以这六类为例来说明信息含义的运行机制：

　　　　连接词强化型（conjunction buttressing）
　　　　(1) John turned the key and the engine started.
　　　　条件句完善型（conditional perfection）

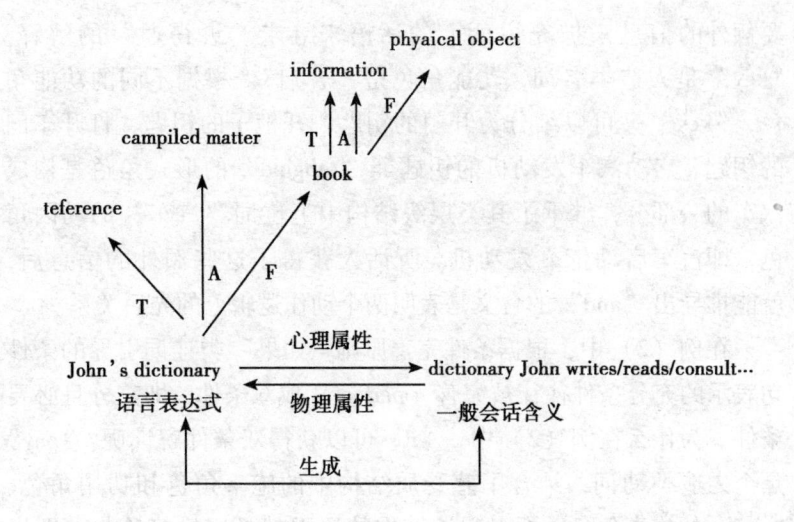

```
                        phyaical object
                information  ↗
                    ↑  ↗ F
    campiled matter T  A
          ↑       book
          |       ↗
teference ↖    ↗
          A  F
           T
                        心理属性
John's dictionary  ——————————→  dictionary John writes/reads/consult…
                   ←——————————
    语言表达式       物理属性        一般会话含义
              ↑_____↑
                      生成
```

(2) If you mow the lawn, I'll give you 5 dollars.

搭桥联系型 (bridging)

(3) John unpacked the picnic. The beer was warm.

定式推理型 (Inference to stereotype)

(4) John's book is good.

+ > the one he read, wrote, borrowed

a secretary

+ > female one

镜像联袂型

(5) Harry and Sue bought a piano.

+ > together

偏好同指型

(6) John came in and he sat down.

John = he

如在例 (1) 中, "key" 和 "engine" 之间缺乏逻辑联系, 需要额外的信息来扩充说话人的话语来寻求"说得通"的解释。"key"是人造类名词，功能角色是"开启"。根据不同的功能角色，"key"又可以细分为开门的钥匙、开柜子的钥匙、打开车门的钥匙、启动汽车发动机的钥匙等。"engine"的形式角色是构成汽车的一部分，继承了其类层级结构中上位词"汽车"的动因角色，即汽车启动依靠发动机。听话人获得了这些额外的信息后，就能推导出"and"的含义是表明两个动作逻辑上的先后关系。

在例（2）中，根据条件完善原则"如果"类连词引导的条件句表示的充分条件往往被完善（perfect）成双条件，即充分且必要条件。为什么在例（2）中，"if"可以获得双条件解读呢？"pay"是个人造类动词，结合了感受质结构中的施事角色和功用角色。"pay"的施事角色，即引起该动作的原因就是交换等价物，即当且仅当交换等价物时才会引起该动作。"mow the lawn"作为一种服务时是可以作为等价交换物的。也就是说，当且仅当"mow the lawn"发生时才会引起"pay"这个动作。例（2a）就邀约到（invite）例（2b）和例（2c）的推理。

(2a) 如果你修剪草坪，我就给你五块钱。
(2b) 如果你不把草坪都修剪完，我就不给你五块钱。
(2c) 当且仅当你把草坪都修剪完，我就给你五块钱。

如上所示，当表示动作过程的条件小句和表示动作结果小句放在一起时，表示出没有条件小句就没有结果小句的同时还表示出有了前件就有后件的逻辑意义，也就是前件是后件的充分且必要条件。

在例（3）中，"beer"前带有一个定冠词，这表明说话人认为名词的所指对象对于听话人来说是可及的，即是已知的。但"beer"在前面的话语中并未提及，也没有出现过，那它是如何成为部分已知信息呢？听话人进行了搭桥推理，即把该名词与前面的话语联系起来，形成连贯。在搭桥推理过程中汇总形成了"蕴含假设"，即"The picnic has beer"，可以看作是用来连接两个话语"John unpacked the picnic"和"the beer is warm"之间缺少的环节。搭桥假设的构建也可以用感受质结构来解释。要理解这句话所需要补充的信息就是"beer"和"picnic"之间有什么联系。"beer"本身的感受质结构是不能回答"beer"和"picnic"有什么关系的，所以只能沿着感受质结构的节点在"beer"的类层级结构里的上位框架里搜索。"picnic"是"beer"的上位词，因为"picnic"的组成部分包括食物和各种饮料等，如"beer"。因此在例（3）中，"beer"是"picnic"描写对象感受质结构中的形式角色。"beer"从其上义词"picnic"承继了形式角色，因此"picnic"才能与"beer"相照应，形成搭桥联系。

在例（4）中，"book"所指对象的感受质结构中的形式角色是"hold"，表达的是物质实体里装载着信息，功用角色是"read"，施事角色是"write"或"borrow"等。"book"是人造类名词，在和"John"组合时，为了寻求说得通的解释，以"book"的感受质结构为理据进行了信息扩充，所以例（4）默认的解释是约翰写的、买的或借的书。而"secretary"这个名词的感受质结构中的形式角色是"female"。根据人们的主观经验，秘书通常由女性担任。正是"secretary"感受质结构中的形式角色扩充了说话人信息，产生了一般会话含义。

在例（5）中，"buy"有两个论元，一个指有生命的物质实体（买的人），一个指个体的物质实体（买的东西）："buy"包括两个子事件，一个表过程 BUY（买），一个表状态 OWN（拥有），第一个事件是整个事件的核心。"buy"是个表示致使的词汇概念范式，其施事角色是 BUY 这个动作，形式角色是 OWN 这个状态。在例（5）中"buy"的论元之一（买东西的人）有两个，而另一个论元——个体的物质实体（买的东西）只有一个，为了寻求说得通的解释，Harry 和 Sue 由逻辑的合取关系转变为合并关系。

在例（6）中，"come"包括两个子事件，一个表过程 COME，一个表示 come 的结果状态，即来了后有什么结果状态，但结果状态具体是什么是不明确的。而并列小句中的"sit"包括两个子事件，一个表动作 SIT，一个表状态 seated。在前面讲到 come 的不明确的表状态的子事件可以由 sit 的表状态的子事件来予以补足，使 and 由表示合取关系转移到了动作发生的时间先后关系。因此，用 and 连接的小句中的 he 就倾向于被阐释为等同于前面小句的 John。

第十一章

心智哲学视角下的会话含义的不确定性

第一节 引言

Grice 在他第一篇关于会话含义的论文里写道：既然推导出会话含义就是推导出是什么样假设使得表面上被违反的会话原则可以被遵守，因为有多个可能的假设，所以会话含义是开放式的，在这种情况下的会话含义就是析取出特定的解释。[1] 以罗伯特彭斯的名句为例：

(1) My love is a red rose.

诗人试图通过含义来表达对爱人的爱慕之情。在这样的语境下，他一定相信读者能够推导出这样的含义。所以，诗人在诗中所利用的玫瑰花的特点，读者也同样可能知道。说话人并不是要表达所有玫瑰花的显性特征，因为这样的特征太多了。因此，这

---

[1] Pustejovsky, J., *The Generative Lexicon*, Cambridge, MA: The MIT Press, 1995, p. 2.

组玫瑰花的显性性质必须进一步减少。在这个例子中有两条原则能限制说话人想要表达的玫瑰花的性质,其一是因为按照会话含义理论,推导出说话人的会话含义的推理模式要遵守关系准则,所以为了理解诗人想要表达的含义,必须假定他的话语与语境相关。诗人将他的爱人比作玫瑰,因此,如果他的比喻是恰当的,只有那些与诗人对他爱人的态度有关的玫瑰的显性特征才会被考虑在内。其二,显性性质的限制性原则是质量原则。诗人意图表达的是那些能够推导出真实结论的玫瑰花的性质。与话语语境相关的,能推导出真实结论的说得通的玫瑰花的显性特征是很美丽,或者是很香,或者是很有价值等。将诗人的语句和所假设的与玫瑰花相关的显性特征放在一起进行推理,从而构建起以下的论证:

大前提:我的爱人是一朵红玫瑰
小前提:玫瑰很美丽/很香/很有价值……
结论:因此我的爱人很美丽/很香/很有价值……

上例所示的就是 Grice 所说的会话含义的五大特点之一的会话含义的不确定性。不确定性指具有单一意义的词语或结构在不同的语境中可以产生不同的含义。[①] 因为存在数个可能的、可替换的说话人能够遵守合作原则的方式,所以听话人推导出的会话含义是不确定的。所有可能的会话含义组成了一个集合(I),可用以下公式表示:

$$I = \{i_1, i_2, i_3, \cdots\}, I \geq 1$$

[①] 何自然、冉永平:《语用学概论》(修订本),湖南教育出版社 2002 年版,第 103 页。

至于为什么会话含义具有这样的不确定性，Grice 没有详细说明和解释。也没有对会话含义的不确定性如何与其另一重要属性即可推导性如何一致作出解释，所以这个问题往往就被理想化了。Gazdar 就曾经说过，因为会话含义不确定性很难进行形式化处理，所以他在自己的研究中就省略了对这个问题的讨论。尽管省略这个问题的讨论不利于对会话含义进行更全面的研究。[①] 在社会语用学的传统里，会话含义的不确定性总是和交际的社会面向（social aspect）而不是和交际的认知面向相关。Mey 就曾经提出即使是规约会话含义也是有特定文化背景、有历史发展的渊源、与社会阶级相关。[②] 此外，Sarangi 和 Slembrouck 对交际的非合作的情况进行了分析后提出含义产生的基础是交际者的信念，而交际者的信念产生于他们在言语事件中的特定社会角色，而不是基于合作原则。[③] 关联理论认为会话含义的不确定性不仅与言语交际相关，而且是言语交际的前提（prerequisite）。关联理论将含义作为了人类言语交际的基石，因此将编码意义限制为最小的逻辑形式，论证了推理机制生成任何交际意义的作用。关于会话含义不确定性的问题，在新 Grice 主义的框架内，Horn 不同意 Grice 所说的一般会话含义。[④] 他提出会话合作涉及两个原则，Q 原则和 R 原则，这两个原则共同确定会话含义。Levinson 认为，会话含义的推理要参照话语的逻辑形式及相应的真值条件（违反方式准则除外）。[⑤] Levin-

---

[①] Gazdar, Gerald, *Pragmatics: Implicature, Presupposition, and Logical Form*. New York: Academic, 1979, p. 40.

[②] Mey, Jacob L., *Pragmatics: An Introduction*. Oxford: Blackwell, 1993, p. 105.

[③] Sarangi, S. K. and S. Slembrouck, Non-cooperation in Communication, *Journal of Pragmatics*, No. 17, 1992, pp. 117–154.

[④] Horn, L. R., *Presupposition and Implicature*, In S. Lappin (ed.) *The Handbook of Contemporary Semantic Theory*, Oxford: Blackwell, 1991.

[⑤] Levinson, S. C., *Pragmatics*, Beijing: Foreign Languages Teaching and Researching Press, 2001, p. 125.

son 一方面支持将缺省推理原则与省力原则和利己原则这样的认知原则区分开,另一方面又质疑会话含义的不确定性的涌现(emergent)预设了什么样的认知结构。据国内的学者徐盛桓的含义本体论认为会话含义的推理是非单调语用推理,推理过程是"直觉地""非逻辑地"从前提延伸到结论,是"泛因果关系"。[1]

会话含义作为 Grice 理论的重要组成部分,其重要的原创性就是要将意义首要地作为一种心理现象来研究,语言现象只是心理现象的一种派生。认知方向的研究路径将话语理解作为一种心理过程来研究,也就是说语用学与认知心理学相关,特别是与推理机制相关。随着认知科学的成熟和发展,哲学研究的重点已经从语言哲学转移到了心智哲学,这样的趋势也同样地出现在语用学的发展中。语用学将话语理解描述为一种依赖于语境的推理形式这样一个非常平常、简单的日常活动过程,这也正是心智哲学所积极探索的课题,所以语用学与哲学主要的关联应体现在心智哲学上。本书尝试从心智哲学的视角研究会话含义的不确定性。

第二节 会话含义的心理属性

Grice 在阐释他的会话含义时提出,说话人在说出 p 时,他隐含 q,如果:(a)假设他遵守了会话准则或至少遵守了会话原则;(b)需要假设说话人意识到 q 才能使 p 与这个假设一致;(c)说话人认为听话人有能力直觉地领会在(b)里提到的假设是必需的。[2] 其中关键是会话含义的产生要求双方遵循合作原则的情况下,说话人在说出字面意义 p 时,能够想到 q 而且相信听话人也要

---

[1] Levinson, S. C., *Pragmatics*, Beijing: Foreign Languages Teaching and Researching Press, 2001, p. 24.
[2] 同上书,第 2 页。

能力直觉地想到 q。从 p 如何推导出 q_1，q_2，q_3，…是逻辑推理的问题，而为什么说的是 p，想的是 q，这显而易见是具有心理基础的。会话含义作为一种意义，它的心理属性到底是什么？感受质的发现对此研究可能会有所启发。

感受质是心智哲学的唯物主义基础，是心智哲学的重要概念。心智哲学区分了两个面向，功能、心理面向和现象的、感受质面向。功能面向也都具有感受质面向。本文涉及的主要是感受质面向（the qualia aspect of experience），这里指的是一种心智现象，是一个有意识的人对于自己经验的主观感觉。根据表征论题，感受质等同于现象属性—物体在感觉上被表征的属性。[①] 例如，听到门铃响，发生的不仅是我会去开门这些功能，我还会感受到门铃的听觉经验，我们的听觉经验都会对应我们某些特定的脑神经状态。而语言表述"The bell is ringing"也会唤起我们跟真正听到门铃相似的脑神经状态出现，我们就会感到门口有人，就会感到自己要去开门。如"杯弓蛇影"，这是感知主体视觉感知到杯子里的弓箭的影子，感受到蛇的形状和颜色的视觉经验，感受到害怕。不管是我们的视觉经验还是我们害怕的感觉，都会对应到某些我们特定的脑神经状态。又如"望梅止渴"，青梅的酸味能使人分泌大量唾液，达到解渴的作用。所以当我们看到青梅时，也感受到青梅的味觉经验，感受到酸味，同样产生了分泌唾液的生理状态。

感受质可以被分类，Pustejovsky 提出了四种感受质：形式（formal）、构成（constitutive）、动因（agentive）、功用（telic）。[②] 如名词"狗"形式感受质包括分类结构，可以辨明狗的各种亚种。构成感受质包括一个事物的结构属性。这些结构属性可以包括事物感觉属性：维度、颜色、质地、重量、气味等，以及组成的材

[①] Dretske, Fred I., *Naturalizing the Mind*, The MIT Press, 1999.
[②] 同上书，第 78 页。

料和事物的构成部分的结构。动因的感受质将事物如何生成的信息进行编码。例如一件产品如何制成。功能感受质给出的是事物所参与的活动。感受质的结构还可以被调适为各种活动,这就说明了感受质不仅适用于名词,还可以应用于动词,所以论元结构是形式感受质,比如"跑"的形式论元是一种运动,因此就涉及穿越道路。构成论元包括运动快速的特点。动因感受质包括引起行动的原因。如"追赶"这个词的动因感受质必须说明主体的目的是得到某个物体。

听到门铃响了,人的大脑就会发生反应的皮质机能系统是第一信号系统。如果人类的表征系统运作正常,经验表征物体的方式通常依赖于我们对物体的设计者和建造者的意图和目的的认知,即对门铃的功能感受质,响着门铃意味着门外有人。但这不是铃声的意义,因为铃声本身不能够表征任何东西,是听到铃声的人将铃声表征为门口有人,即门铃功能感受质。门铃声里使人感到有人在门口的现象质就是某种"感受质"。具体是谁也是由认知主体的表征系统状态所决定的,他可以相信在门口的人是收电费的人,也可以是一个来访的亲戚等。而语言,具体从大脑皮质的基本信号活动来说,是第二信号系统。第二信号系统指用语词或其他抽象符号作为条件刺激而建立的条件反射系统,可称为第一信号的"信号"。[①] 从信号系统来说,如果是以听闻到现实的门铃的声音作为刺激建立起的条件反射,应归属第一信号系统的活动;如果我们用语言表述:

(2) The door bell is ringing.

[①] 徐盛桓:《心智哲学与认知语言学创新》,《北京科技大学学报》(社会科学版) 2010 年第 2 期,第 84—88 页。

例(2)这样以语言作为刺激建立起来的反射系统,就是第二信号系统。我们除了把它们作为语言理解其字面意义以外,之所以听到这样的语言表述会认为门口有人是因为第二信号与第一信号在大脑皮层中建立起了联系。语句是否能引发出一种类似于对"感受质"的感受? 从条件反射理论来看,感受质是属于第一信号系统的东西。听到门铃的声音,这是第一信号系统的刺激;具体地说是门铃里的某些现象质,主体对此作出的心理表征,这是第一信号系统的条件反射。当用语言来提到门铃响了,并使人们产生相似于听到门铃声的某种感觉,就体现了语义的认知也有类似"感受质"的现象。外界事物在人脑中形成了概念,而概念又可以分解为不同种类的感受质。有意识的思维使用语言作为感受质的标签,这些感受质又成为语义的认知基础,以语言符号为标签。会话含义的推导中,话语中承载含义的语言单位就起到了感受质的标签的作用。

上述的心灵性质与物理性质之间的决定关系在哲学上用随附性来表示,这种关系不同于一般的因果关系。一般的因果关系是结果依赖原因,或是原因决定结果,而显而易见,心—身之间的因果关系不是完全如此。一方面,心理事件和物理事件之间有因果关系,如感到口渴就喝水;另一方面,心智具有非决定性或自主性,如感到很口渴时也坚持不喝水,就是所谓的自由意志。戴维森将随附性定义为"不存在这样两个事件,它们在所有物理方面是相同的,但却在心理方面有所不同;或者说,一个在物理方面没有任何变化的对象在心理方面也不可能发生变化。这种依赖性或随附性并不蕴涵依据规律或定义的可还原性"。[①]

---

① Davidson, D., *Essays on Actions and Events*, Oxford: Clarendon Press, 1980, p. 214.

第三节　随附性与会话含义的不确定性

随附性本是哲学上的概念，是存在于两个由性质所组成的集合之间的关系。A 是由性质 a_1, a_2, …, a_n 组成的集合，B 是由性质 b_1, b_2, …, b_n 组成的集合。A 随附于 B，若且唯若对任何两个东西来说，如果这两个东西所具有的 B 类性质是一样的，那么这两个东西所具有的 A 类性质也一样。B 为基础方，A 为随附方。

我们发现，会话含义中 p 和 q 的关系具有上面所述的随附性关系特征。p 和 q 之间具有因果关系，即 p 决定 q 或 q 依赖 p，又具有非还原性因此将随附性的概念借用到会话含义的研究中，随附性关系中的基础方 B 是话语中体现了表达命题 p 使得含义发生的话语单位的集，随附方 A 为含义 q 的集。之所以说 q 随附于 p，是因为在会话含义的推导中，q 由 p 决定，但又有自主性，即所谓的意志自由。心智不完全服从物理的因果关系，而具有一定程度的自主性或非确定性或非物理性。人有力量自由的行动，q 的产生是一个自由的行动，它是由人的意志自由选择而成，不是由先于人的意志的条件决定。

一　随附性与特殊会话含义

按照 Grice 的解释，会话含义分为两种，即一般会话含义和特殊会话含义。一般会话含义是指"利用语境的特殊特征，在某一特别场合说出 p 所带有的含义的情况"。[1]

---

[1] Davidson, D., *Essays on Actions and Events*, Oxford: Clarendon Press, 1980, p. 8.

(3) This woman is made of iron.
(4) John is a machine.
(5) The room is a pigsty.

例（3）、例（4）、例（5）从表面看违反了质量准则，因为说话人说了假话，表面上含有 p 的这句话违反了质的准则。当交际者听到含有 p 的话语例（3）某人是由钢铁做成的时候，他会感受到钢铁的质地与形状，感受到冰冷、坚硬、不易弯曲等。在这个例子中，如果物理论为真，那这些性质必定会被人的基本性质，也就是物理性质与化学性质所决定。那"钢铁"会对应到某些人的特定的生理状态，如果物理论为真，每当这些状态出现，人就必定会感到自己触摸到了钢铁，所以 q 产生了。那么 p 决定了 q，q_1 为这个女人很冰冷；q_2 为很强硬；q_3 为不易弯曲、改变等。所以这个女人的性格特征可以通过物质"钢铁"感受质来理解，这个女人的性格可以描述为冰冷、强硬、和意志坚强等。而例（4）会唤起交际者对"机器"的感受质，他会感受到机器的构成感受质，如机器的组成材料——钢铁，在这一点上例（4）与例（3）有相似之处。此外，例（4）中"机器"的动因、功能感受质等还能产生出能干的、不停干活的、不动脑子的等心理属性，从而可以得出"约翰很冰冷""约翰是能干的""约翰不动脑子"等多个会话含义。认知主体对例（5）中的 pigsty（猪圈）的经验的主观感受包括视觉"脏""乱"，嗅觉"臭"等，所以得出的会话含义有"这个房间脏""这个房间乱""这个房间臭"等。

(6) War is war.

在 Grice 理论的视野下，同语反复（tautology）是违反了数量准则的典型例子。同义反复本身不提供信息的陈述，但它指引着假定合作的听话人在一定语境下,借助对某个概念或是范畴成员的属性的信念来推导出会话含义。例(6)中的名词性同语反复"war"(战争)激活了交际者特定大脑状态所对应"war"的构成、成因和功能感受质,产生了对自己经验的主观感觉,如战争是残酷的、很血腥的、灾难性的、可怕的等。显而易见这些心理感受质特征都是由战争的物理性质决定的。

从上述例子可以看出 q 之所以如是,q 由 p 决定,或者说 q 依赖于 p 至少是由 p 中的因素及其相互作用所决定的。说 p 想到 q 是一个正常人的心灵在适当的情况下会具备的性质。而下面的例子将要体现出的是 q 具有更大程度的自主性和非物理性。如:

(7) You are the cream in my coffee.
(8) A: Was the dessert any good?
　　B: They offered cherry pie.
(9) A: Tea?
　　B: It would keep me awake all night.

例(7)中听话人的生理状态对应咖啡里的奶油。例(8)中回答的意义取决于樱桃馅饼的构成感受质。例(9)中的茶,如它们的颜色、质地、重量、气味等物理属性与人对此的心理属性之间的关系是一种自由意志,凭个人好恶。例(7)中,听话人可以假设说话人喜欢咖啡里加奶油,那么他所得出的结论是说话人对他的赞扬。例(8)中对樱桃馅饼是喜爱或是不喜爱也是主体对吃过樱桃馅饼的经验的主观感受,所以推导者可以推导出至少两个相反的结论。对例(9)的含义的推导起决定性作用的不是茶的物理属性而是茶对于推导者的心理属性。如果推导人在那个特定的情况下想要整夜保持清醒,那么可以得出他要喝茶的结论。如果推导人那时要想睡个好觉,那么得出的结论就是他不要喝茶。

(10) A: Should we have dinner now?
　　　B: Helen has not come yet.
(11) A: John seems not have girlfriend these days.
　　　B: He's been driven to town every weekend.

对话（10）中 B 的回答在表面上与 A 的问题毫不相关，违反了关系准则。但 A 如果觉得 B 遵守了合作原则，就会从 B 的话语中推导出多个会话含义，如：

大前提：Helen 还没来。
小前提：我想等 Helen 来一起吃饭／我不想等 Helen 来一起吃饭……
结论：我们现在还不能吃饭／我们现在能吃饭。

上文例（10）就显示了会话含义的推导。值得注意的是，获得小前提（如想／不想等 Helen 来吃饭）都要在推导过程中由推导者自行完成。至于想不想等海伦吃饭完全取决于推导人的自由意志，由推导人自行定出可用作推理的步骤。而推导人的心理现象具有自主性，所以推导人可能会推导出完全相反的结论，使得会话含义出现了不确定性。

相似地，例（11）中 B 的话语也可能有的含义是：John 开车到纽约去，他要去见女朋友；或是 John 周末要到城里去工作，没时间找女朋友；约翰要周末开车到城里寻欢作乐，不想找女朋友等。在这里，John 开车到城里去不能按严格的确定性法则作出预测和解释，与此有因果关联的事件没有确定性，所以 p 和 q 之间不是一般的因果关系。因果关系是完全共变，即一个原因总是同一个结果相联系,原因发生变化时结果变化,原因不变时结果不变,那么就可以把这个结果归于这个原因。而在例(11)中,约翰开车去城里的原因变化了,但他开车去城里这一结果却没有产生变化,即无论他周末去城里是见女友、工作还是寻欢作乐,结果都是周末开车进城,所以例(9)中推导出会话含义的过程不遵从一般意义上的因果关系,因为当原因发生变化时,结果也有可能不变,涉及的共变性只有一半,所以 p 与 q 之间的关系是随附性。含义的不确定性也就此产生了。

二 随附性与一般会话含义

上一部分着重从心智哲学的视角解释了一些特殊会话含义的例子。在经典会话含义理论中,Grice 区分了一般会话含义和特殊会话含义,一般会话含义则是"说出 p 通常带有的这种含义没有空间的情况下,使用某种语词形式,会通常(不是在特殊的情况下)带有这样那样的含义或某种类型的含义"。① 他提出的"逻辑语用推论模式"就是假定说话人遵守合作原则,从说话人所言推导出说话人所含,从命题 p 推导出命题 q。尽管 Grice 会话含义理论具有普遍的解释力,但该模式是建立在"Grice 剪刀"原则的基础上,即会话含义都是根据合作原则及会话准则推导出来的,这样的推导模式在对一般会话含义产生的解释上显示出了不足。显而易见,一般会话含义的产生是不涉及违反合作原则及会话准则的。

Grice 在他的 *Logic and Conversation* 里面对一般会话含义语焉不详,对一般会话含义不能给出充分的解释。例如,

(12) John's book is on the table.

---

① Davidson, D., *Essays on Actions and Events*, Oxford: Clarendon Press, 1980, p. 8.

例（12）有多个含义产生，如"约翰写的书在桌子上"（q_1），"约翰借的书在桌子上"（q_2），"约翰读的书在桌子上"（q_3），"约翰买的书在桌子上"（q_4）等。这种不在特殊的情况下，语词形式带有的这样那样的含义就是一般会话含义。从例（12）可以看出，一般会话含义也是不确定的。Grice 的会话含义理论认为会话含义的不确定性是由于推导出会话含义就是推导出是什么样假设使得表面上被违反的会话原则可以被遵守，可能会有多个假设。但例（12）明显没有涉及任何合作原则和会话准则的违反，会话含义理论没有办法解释例（12）中的一般会话含义的现象。

而在心智哲学的视角下，我们可以尝试从感受质和随附性的角度对这种现象作出解释。根据上文所提出的感受质结构，"书"的感受质结构可以由以下几种感受质组成。"书"的形式感受质为"容纳了很多信息"，功能感受质为书的目的是用来读的，动因感受质为书的产生是由于有人写了书等。感受质结构在例（12）中的说话人隐含的 q 的推导过程中起着决定性作用，即从命题 p 推导出命题 q（q_1, q_2, q_3, …）这一过程是建立在主体对"书"的感受质的认知基础上。我们还可以发现，如果我们改变命题 p，假设我们将"书"改为"cup"（杯子），那么 q 就完全改变了。而如果我们将 q_1 改为 q_2，或是将 q_2 改为 q_3, …, q_n，则 p 仍然不变。所以我们说在一般会话含义中，q 随附于 p。又如，

(13) He wants to hire a nurse.

例（13）所产生的会话含义的不确定性是由于 nurse（护士）可以是男性，也可以是女性。例（13）会话含义的产生没有依赖于对合作原则及会话准则的违反，属于一般会话含义。该话语会话含义不确定性的产生也是由于承载着含义的语言单位

"nurse"的感受质结构中的形式感受质中的分类结构，nurse（护士）可以分为男护士和女护士两类。同上所述，如果改变 p，q 会改变；而如果将 q_1（雇用女护士）变为 q_2（雇用男护士），却丝毫不影响 p 的真值。

第十二章

全文结论

　　本文首先论证思维是第一性的而语言是第二性的,口头语汇的意义派生于有意义的内部言语,交际中语言使用作为思维中语言使用的派生物。一般会话含义的产生不受任何语境特征的影响,思维中使用语言也具有这样的特征。而特殊会话含义要受语境特征的影响,交际中使用的语言具有这样的特征。其次,在思维语言假设视角下,特殊会话含义可以被看作是一般会话含义的派生物。会话含义的认知基础是感受质,p与q的关系不同于一般的因果关系,而是q随附于p。会话含义具有不确定的特点,是因为一方面q依赖p,由p决定,另一方面q又有其自主性,即自由意志。会话含义的不确定性有赖于交际者对由事物的属性所激发出来的感受进行适度的把握。再次,作为一种特殊会话含义,在心智哲学的视角下,意向性是反语的心理属性,反语中心词的感受质结构是反语的物理属性。反语之所以可能是由于意向性随附于反语中心词的感受质结构。随附性是一种非线性因果关系,指的是反语的意向性是由反语中心词的感受质结构决定的,但有其自主性且不能还原于反语的中心词的感受质结构。随附的反语的意向性是涌现的,对反语中心词的感受质结构具有下向因果力,限制和修改反语的原生的物理属性,使反语中心词获得与字面意义呈反向的实际意义。最后,一般会话含义——信息量含义的产生是听话人在语言表达式中心词的感受质结构内，搜索匹配的缺省值，对说话人信息进行扩充，以获得"说得通"的解释的过程。当在表达式的中心词本身的感受质结构内无法搜索到匹配的缺省值时，需要从该中心词所处的类层级结构中的上义词的感受质结构那里继承形式、构成、动因、功能角色来扩充说话人的话语信息，使听话人能推导出信息量含义。

探索语言与心智的关系给会话含义的研究带来了新的思路，心智哲学视角下的会话含义研究建立在语言使用是如何与心智相联系的基础之上。话语所反映出来的不仅是说话人的交际意图，还能反映出说话人的希望、信念。另外，话语不仅能直接反映说话人的心智，还能间接地反映出听话人的心理活动。在话语中反映出说话人心理活动的内容在于他对听话人心智内容的假设。而且，如果交际能成功，这些假设必须建立在关于心智工作机制的一般理论之上。说话人和听话人的心智工作机制应被假设为是同样的。语言的使用是心智工作机制的外在表现。

语用学不仅应该研究语言在交际中的使用，还应该研究语言在心理中的使用。如果语言能反映出心智的内容或反之亦然，在语言和心智之间必然存在界面。在该界面，意义和使用交织在一起。Grice认为出现"言外之意"的现象是说话人故意违反会话原则的结果。但我们不能忽视说话人的心智对会话含义产生的作用。会话含义的产生可以看作是"思考者的意义"，是语言和心智互动的产物，是心智对意义进行加工的结果。因此有必要借用心智哲学的研究成果，探索在会话含义产生过程中，说话人的心理机制和心智状态。

在心智哲学的理论框架内，会话含义的产生的心智基础是感受质，语言所指称的外界事物的物理属性在认知状态中的心理属性是以感受质的形式存在的。感受质结构就包含了客观事物被人感知到的各方面的信息和各种感觉如味觉、触觉、听觉等，以框架的形式存储于人的大脑中。语言作为刺激物会激发人对语言所指称的客观事物的感受质，成为意义产生的基础，在一定的语境下，以意向性为"指向"，选择与语境匹配的感受质结构中的信息，产生意义。在会话含义产生的过程中，听话人和说话人的心理活动被假设为是同样的，说话人意义和听话人意义就被统一为"思考者意义"。说话人对于客观世界事物的心理属性被语词激活，在一定的语境下，以意向性为"指向"选择与语境匹配的感受质结构中的信息，产生意义。如：What time is it? The milkman has come。在该对话中，如果要回答"现在是什么时间"这个问题，就要搜寻感受质结构中与送奶人来了这一子事件中与时间相关的内容，完成与语境的匹配。送奶人来过了这个动作有两个子事件，一个表示过程COME，一个表示 come 的结果状态，即来了后有什么结果状态。其中表示过程的 COME 就包括了关于送奶人来的过程的各个方面的内容，如来的时间，是开车来、骑自行车来还是步行来，要送多少瓶奶，送的顺序是怎样，把奶放在哪里等。如果感受质结构中关于送奶人来了的心理内容是上午 8 点，那么上午 8 点就是说话人的意向内容，会话含义就产生了。

会话含义的产生是由于说话人对于合作原则的故意违反，Levinson 的会话三原则对 Grice 的一般会话含义的推导进行了进一步的阐释，关联理论认为会话含义的产生是明示推理过程，把语用研究引入了认知的领域。心智哲学视角下的会话含义研究，尝试另辟蹊径，利用心智哲学的学术资源来对会话含义的产生作出新的阐释。心智哲学中的一些重要的概念和术语如感受质、意向性、随附性等被运用在会话含义的研究中，解释会话含义的生成动因。这也符合会话含义的本质，因为会话含义产生的根源还在于人的认知机制和心理活动。通过我们的研究发现心智哲学在解释会话含义方面显示出了一定的解释力，但在某些方面如"量会话含义"的解释方面还有待我们进一步研究。某些重要概念如感受质、随附性的内涵和外延还有待进一步清晰化,基于心智哲学的语用推理机制的解释力还有待增强等。这也给今后的研究指明了方向。

参考文献

Ahern, G. L., Herring, A. M., Tackenberg, J. et al. 1993. The association of multiple personality and temporolimbic epilepsy. *Archives of Neurology* 50: 1020–1025.

Anderson, J. R., The adaptive nature of human categorization. *Psychological Review*, No. 98, 1991, p. 409–429.

Aristotle. 1961. *DeAnima*. Oxford: Clarendon Press.

Attardo, S. 2000. Irony markers and functions: Towards a goal-oriented theory of irony and its processing. *Rask*. 12: 3–20.

Baars, B. 1988. *A Cognitive Theory of Consciousness*. New York: Cambridge University Press.

Bancaud, J. et al. 1976. Manifestations comportmentales induites par la stimulation electrique du gyrus cingulaire anterieur chez l'homme. *Revue Neurologique* 132: 705–724.

Bancaud, J., Brunet-Bourgin, F., Chauvel, P. & Halgren, E. 1994. Anatomical origin of deja vu andvivid memories in human temporal lobe epilepsy. *Brain* 117: 71–90.

Barsalou, L. W. 1999. Perceptual symbol systems. *Behavioral & Brain Sciences* 22: 577–609.

Barsalou, L. W., & Wiemer-Hastings, K. 2005. Situating abstract concepts. In D. Pecher & R. Zwaan (eds.), *Grounding cogni-*

tion. Cambridge: Cambridge University Press.

Barthes, R. 1979. From work to text. In J. V. Harari (ed.), *Textual Strategies: Perspectives in Post-structuralist Criticism*. London: Methuem & Co Ltd.

Bear, D. M. 1979. Personality changes associated with neurologic lesions. In: Lazare, A (eds.), *Textbook of Outpatient Psychiatry*. Baltimor: Williams and Wilkins.

Beckermann, A., H. Flohr, & J. Kim 1992. *Emergence or Reduction? Essays on the Prospects of Nonreductive Physicalism*. Berlin: Walter de Gruyter.

Bennett, K. 2004. Global Supervenience and Dependence. *Philosophy and Phenomenological Research* 68: 510 – 529.

Bergen, B. K., Lindsay, S., Matlock, T., & Narayanan, S. 2007. Spatial and linguistic aspects of visual imagery in sentence comprehension. *Cognitive Science* 31: 733 – 764.

Black, Max. 1954. Metaphor. *Proceedings of the Aristotelian Society* 55: 273 – 294.

Bogen, J. E. 1995a. On the neurophysiology of consciousness: Part I. An overview. *Consciousness and Cognition* 4: 52 – 62.

Bogen, J. E. 1995b. On the neurophysiology of consciousness: Part II. Constraining the semantic problem. *Consciousness and Cognition* 4: 137 – 158.

Booth, Wayne C. 1974. *A Rhetoric of Irony*. Chicago and London: The University of Chicago Press.

Borghi, A. M. 2004. Object concepts and action: Extracting affordances from objects parts. *Acta Psychologica* 115: 69 – 96.

Bulhof, I. N. 1992. *The Language ofScience: A Study of the Relationship Between Literature and Science in the Perspective of Hermeneutical

Ontology. The Netherlands: E. J. Bril, 1 Leiden.

Burge, T. 1979. Individualism and the Mental. *Midwest Studies in Philosophy* 4: 73 – 121.

Burge, T. 1986. Individualism and Psychology. *The Philosophical Review* 95: 3 – 45.

Bregman, A. 1981. Asking the What for Question. In M. Kubovy &J. Pomerantz (eds.) *Perceptual Organization*. Hillsdale, NJ: Lawrence Erlbaum Associates.

Brentano, F. 1973. *Psychology from an Empirical Standpoint*. London: Routledge and Kegan Paul.

Brewster, D. 1832. *Letters In Natural Magic*. London: John Murray.

Cacciari, C., & Glucksberg, S. 1991. Understanding idiomatic expressions: The contribution of word meanings. In G. B. Simpson (ed.), *Understanding word and sentence*. Amsterdam: Elsevier.

Carnap, R. 1974. *An Introduction to the Philosophy of Science*. New York: Harper Torchbooks.

Carnap. R. 1975. *Introduction to Semantics and Formalization of Logic*. Cambridge: Harvard University Press.

Carston, R. 2004. Truth-conditional Content and Conversational Implicature. In: C. Bianchi (ed.) *The Semantics/Pragmatics Distinction*. Stanford: CSLI Publications.

Casasanto, D. 2008. Who's Afraid of the Big Bad Whorf? Crosslinguistic Differences in Temporal Language and Thought. *Language Learning* 58: 63 – 79.

Casasanto, D., & Boroditsky, L. 2008. Time in the mind: Using space to think about time. *Cognition* 106: 579 – 593.

Chalmers, D. 1996. *The Conscious Mind*. New York: Oxford University Press.

Chalmers, D. and F. Jackson 2001. Conceptual Analysis and Reductive Explanation. *Philosophical Review* 110: 15 –60.

Chomsky, N. 1965. *Aspects of the theory of syntax*. Cambridge, MA: MIT Press.

Churchland, P. S. 1986. *Neurophilosophy*. Cambridge, MA: The MIT Press.

Churchland, P. S. 1996. The Hornswoggle Problem. *Journal of Consciousness Studies*, 3 (5 –6): 402 –408.

Churchland, P. S. & Ramachandran, V. S. 1993. Filling in: Why Dennett is Wrong. In B. Dahlbom (ed.), *Dennett and His Critics: Demystifying Mind*. Oxford: Blackwell Scientific Press.

Churchland, P. S., Ramachandran, V. S. & Sejnowski, T. J. 1994. A Critique of Pure Vision. In C. Koch & J. L. Davis (eds.). *Large scale Neuronal Theories of the Brain*. Cambridge, MA: The MIT Press.

Cohen, M. S., Kosslyn, S. M., Breiter, H. C. et al. 1996. Changes in Cortical Activity During Mental Rotation. A Mapping Study Using Functional MRI. *Brain* 119: 89 –100.

Cooper, David E. 1989. *Metaphor*. Oxford: Blackwell.

Crane, T. 1991. All God Has To Do. *Analysis* 51: 235 –244.

Crick, F. 1994. *The Astonishing Hypothesis: The Scientific Search for the Soul*. New York: Simon.

Crick, F. 1996. Visual Perception: Rivalry and Consciousness. *Nature* 379: 485 –486.

Crick, F. & Koch, C. 1992. The Problem of Consciousness. *Scientific American*, 267: 152 –159.

Croft, W. & A. D. Cruse. 2004. *Cognitive Linguistics*. Cambridge: Cambridge University Press.

Cummins D., Kintsch W., Ruesser K., Weimer R. 1988. The Role of Understanding in Solving Word Problems. *Cognitive Psychology* 20: 405-438.

Damasio, A. C. 1994. *Descartes'Error*. New York: Putnam.

Davidson, D. 1970. Mental Events. In L. Foster and J. W. Swanson (eds.), *Experience and Theory*. Amherst, MA: University of Massachusetts Press, 79-101.

Davidson, D. 1980. *Essays on Actions & Events*. Oxford: Clarendon Press.

Davidson, D. 1993. Thinking causes. in J. Heil and A. Mele (eds.), *Mental Causation*. Oxford: Clarendon Press, pp. 3-18.

Davidson, Donald. 2001. *Essays on Actions and Events*. Oxford: Oxford University Press.

Dennett, D. C. 1978. *Brainstorms*. Cambridge, MA: The MIT Press.

Dennett, D. 1990. Quining Qualia. In W. Lycan (ed.), *Mind and Cognition*. Oxford: Blackwells, 519-548.

Dennett, Daniel C. 1991. *Consciousness Explained*. Cambridge: The Penguin Press.

Dennett, D. C. 1998. *Brainchildren: Essays on Designing Minds*. Massachusetts: The MIT Press.

Derrida, Jacques. 1982. White Mythology: Metaphor in the Text of Philosophy. In Alan Bass (Trans), *Margins of Philosophy*. Chicago: University of Chicago Press.

Descartes, R. 1986. *Meditations on First Philosophy*. Cambridge: Cambridge University Press.

Devinsky, O., Feldmann, E., Burrowes, K. & Broomfield, E. 1989. Autoscopic Phenomena with Seizures. *Archives of Neurology*,

46: 1080 – 1088.

Devinsky, O., Morrell, M. J., Vogt, B. A. 1995. Contribution of Anterior Cingulate Cortex to Behavior. *Brain* 118: 279 – 306.

Dretske, Fred I. 1999. *Naturalizing the Mind*. MIT Press.

Durgin, F. H., Tripathy, S. P. & Levi, D. M. 1995. On the Filling in of the Visual Blind Spot: Some Rules of Thumb. *Perception* 24: 827 – 840.

Edelman, G. 1989. *The Remembered Present*. New York: Basic Books.

Fairclough, N., *Discourse and Social Change*. Cambridge: Polity Press. 1992.

Farah, M. J. 1989. The Neural Basis of Mental Imagery. *Trends in Neurosciences* 10: 395 – 399.

Fiorini, M., Rosa, M. G. P., Gattass, R. & Rocha-Miranda, C. E. 1992. Dynamic Surrounds of Receptive Fields in Primate Striate Cortex: A Physiological Basis. *Proceedings of the National Academy of Science* 89: 8547 – 8551.

Fodor, J. A. 1975. *The Language of Thought*. Cambridge, MA: Harvard University Press.

Fordor, J. 1975. *The Language of Thought*. Cambridge MA: MIT Press.

Fodor, Jerry. 1994. *The Elm and the Expert: Mentalese and Its Semantics*. Boston: The MIT.

Fordor, J. 1981. The Mind-body Problem. *Scientific American* 1: 124 – 132.

Fodor, Jerry A. and Zenon W. Pylyshyn. 1988. *Connectionism and Cognitive Architecture: A Critical Analysis*. Oxford: Basil Blackwell Press.

Francescotti. 1998. The Non-Reductionist's Troubles with Supervenience. *Philosophical Studies* 89: 105-124.

Francescotti, R. 2000. Ontological Physicalism and Property Pluralism: Why They are Incompatible. *Pacific Philosophical Quarterly* 81: 349-362.

Fraser, B. 1970. Idioms Within a Transformational Grammar. *Foundations of Language* 6: 22-42.

Gallese, V., & Lakoff, G. 2005. The Brain's Concepts: The Role of the Sensory-motor System in Conceptual Knowledge. *Cognitive Neuropsychology* 22: 455-479.

Gardner, T. 2005. Supervenience Physicalism: Meeting the Demands of Determination and Explanation. *Philosophical Papers* 34: 189-208.

Gattass, R., Fiorini, M., Rosa, M. P. G., Pinon, M. C. F., Sousa, A. P. B., Soares, J. G. M. 1992. Visual Responses Outside the Classical Receptive Field RF in Primate Striate Cortex: a Possible Correlate of Perceptual Completion. In R. Lent (ed.), *The Visual System from Genesis to Maturity*. Boston, MA: Birkhauser.

Gazdar, Gerald. 1979. *Pragmatics: Implicature, Presupposition, and Logical Form*. New York: Academic.

Gazzaniga, M. S. 1993. Brain Mechanisms and Conscious Experience. *Ciba Foundation Symposium* 174: 247-257.

Geeraerts, D. 2007. Lexicography. In D. Geeraerts & H. Cuyckens (eds.), *The Oxford Handbook of Cognitive Linguistics*. Oxford: Oxford University Press.

Gibbs, R. 1992. What Do Idioms Really Mean?. *Journal of Memory and Language* 31: 485-506.

Gibbs, R., & Nayak, N. 1991. Why Idioms Mean What They

Do. *Journal of Experimental Psychology*: *General* 120: 93 - 95.

Giora, Rachel & Ofer Fein. 1999. Irony Comprehension: The Graded Salience Hypothesis. *Humor* 12: 425 - 436.

Glenberg, A. M., & Kaschak, M. P. 2002. Grounding Language in Action. *Psychonomic Bulletin & Review* 9: 558 - 565.

Gloor, P., Olivier, A., Quesney, L. F., Andermann, F., Horowitz, S. 1982. The Role of the Limbic System in Experiential Phenomena of Temporal Lobe Epilepsy. *Annals of Neurology*, 12: 129 - 143.

Gloor, P. 1992. Amygdala and Temporal Lobe Epilepsy. In J. P. Aggleton (ed.), *The Amygdala*: *Neurobiological Aspects of Emotion, Memory and Mental Dysfunction*. New York: Wiley-Liss.

Goldberg, G., Mayer, N. & Toglis, J. U. 1981. Medial Frontal Cortex and the Alien Hand Sign. *Archives of Neurology*, 38: 683 - 686.

Goldstone, R. 1994. An Efficient Method for Obtaining Similarity Data. Behavior Research Methods. *Instruments, & Computers* 26: 381 - 386.

Goldstone, R. L., Lippa, Y., & Shiffrin, R. M. 2001. Altering Object Representations Through Category Learning. *Cognition* 78: 27 - 43.

Goodman, N. 1972. Seven Strictures on Similarity. In N. Goodman (ed.), *Problems and Projects*. New York: BobbsMerrill.

Grady, D. 1993. The Vision Thing: Mainly in the Brain. *Discover* 6: 57 - 66.

Grice, H. P. 1975. Logic and Conversation. In Cole, P., and Morgan, J. (eds.). *Syntax and Semantics* 3: *Speech Acts*. New York: Academic Press. 41 - 58.

Grice, H. P. 1989. *Studies in the Way of Words*. Cambridge: Harvard University Press.

Grush, R. & Churchland, P. S. 1995. Gaps in Penrose's Toilings. *Journal of Consciousness Studies* 2 (1): 10 –29.

Halgren, E. 1992. Emotional Neurophysiology of the Amygdala Within the Context of Human Cognition. In J. P. Aggleton (ed.). *The Amygdala: Neurobiological Aspects of Emotion, Memory and Mental Dysfunction*. New York: Wiley-Liss.

Halliday, M. A. K. 1985. *An Introduction to Functional Grammar*. London: Edward Arnold Publishers Ltd.

Hare, R. M. 1952. *The Language of Morals*. Oxford: Oxford University Press.

Haugeland, J. 1984. Ontological Supervenience. *The Southern Journal of Philosophy*, Supplement 22: 1 –12.

Hebb, D. O. 1949. *The Organization of Behavior*. New York: Wiley.

Heil, J. 1998. Supervenience Deconstructed. *European Journal of Philosophy* 6: 146 –155.

Hellman, G. and F. W. Thompson. 1975. Physicalism: Ontology, Determination, and Reduction. *The Journal of Philosophy* 72: 551 –564.

Hirstein, W. & Ramachandran, V. S. 1997. Capgras Syndrome: A Novel Probe for Understanding the Neural Representation of the Identity and Familiarity of Persons. *Proceedings of the Royal Society of London* 264: 437 –444.

Hoffmann-Kolss, V. 2010. *The Metaphysics of Extrinsic Properties*. Frankfurt: Ontos Verlag.

Hoffmann, V. and A. Newen. 2007. Supervenience of Extrinsic Properties. *Erkenntnis* 67: 305 –319.

Hofweber, T. 2005. Supervenience and Object-Dependent Properties. *The Journal of Philosophy* 102: 5–32.

Horgan, J. 1994. Can Science Explain Consciousness?. *Scientific American* 271: 88–94.

Horgan, T. 1982. Supervenience and Microphysics. *Pacific Philosophical Quarterly* 63: 29–43.

Horgan, T. (ed.). 1984. The Spindel Conference 1983: Supervenience. *Southern Journal of Philosophy* 22: 8–15.

Horgan, T. 1993a. From Supervenience to Superdupervenience: Meeting the Demands of a Material World. *Mind* 102: 555–586.

Horgan, T. 1993b. Nonreductive Materialism and the Explanatory Autonomy of Psychology. In S. J. Wagner and R. Warner (eds.), *Naturalism*. Notre Dame: University of Notre Dame Press.

Horn, L. R. 1984. Towards a New Taxonomy for Pragmatic Inference: Q-based and R-based Implicature. In Schiffrin, D. (ed.) 1984. *Meaning, Form, and Use in Context: Linguistic Applications*. Washington, D.C.: Georgetown University Press.

Horn, L. R. 1991. Presupposition and implicature. In S. Lappin (ed.) *The Handbook of Contemporary Semantic Theory*. Oxford: Blackwell.

Howell, R. J. 2009. Emergentism and Supervenience Physicalism. *Australasian Journal of Philosophy* 87: 83–98.

Humphrey, N. 1993. *A History of the Mind*. London: Vintage.

Jackendoff, R. 1983. *Semantics and Cognition*. Cambridge, MA: MIT Press.

Jackendoff, R. 1987. *Consciousness and the Computational Mind*. Cambridge, MA: The MIT Press.

Jackson, F. 1986. What Mary Did Not Know. *Journal of Philosophy*

83: 291-295.

Jackson, F. 1994. Armchair Metaphysics. In M. Michael and J. O'Leary-Hawthorne (eds.), *Philosophy in Mind*. Dordrecht: Kluwer.

Jackson, F. 1998. *From Metaphysics to Ethics: A Defence of Conceptual Analysis*. Oxford: Clarendon Press.

Kanizsa, G. 1979. *Organization In Vision*. New York: Praeger.

Kant, I. 1929. *Critique of Pure Reason*. London: Macmillan.

Kim, J. 1984. Concepts of Supervenience. *Philosophy and Phenomenological Research* 45: 153-176.

Kim, J. 1987. Strong and Global Supervenience Revisited. *Philosophy and Phenomenological Research* 48: 315-326.

Kim, J. 1989. The Myth of Nonreductive Physicalism. *Proceedings and Addresses of the American Philosophical Association* 63: 31-47.

Kim, J. 1990. Supervenience as a Philosophical Concept. *Metaphilosophy* 21: 1-27.

Kim, J. 1993. *Supervenience and Mind: Selected Philosophical Essays*. Cambridge: Cambridge University Press.

Kim J. 1998. *Mind in a Physical World*. Cambridge: MIT Press.

Kim, Jaegwon. 1999. Supervenient Properties and Micro-Based Concepts: A Reply to Noordhof. *Proceedings of the Aristotelian Society* 99 (1): 115-118.

Kinsbourne, M. 1995. The Intralaminar Thalamic Nuclei. *Consciousness and Cognition* 4: 167-171.

Kirk, R. 1996. Strict Implication, Supervenience, and Physicalism. *Australasian Journal of Philosophy* 74: 244-256.

Kirk, R. 2006. Physicalism and Strict Implication. *Synthese* 151: 523-536.

Kittay, Eva Feder. 1987. *Metaphor: Its Cognitive Force and Lin-*

guistic Structure. Oxford: Clarendon Press.

Kripke, S. A. 1980. *Naming and Necessity*. Cambridge, MA: Harvard University Press.

Lackner, J. R. 1988. Some Proprioceptive Influences on Perceptual Representations. *Brain* 111: 281 – 297.

Langacker, R. W. 1987. *Foundations of cognitive grammar*: Vol. 1. Theoretical prerequisites. Stanford, CA: Stanford University Press.

LeDoux, J. E. 1992. Emotion and the amygdale. In J. P. Aggleton (ed.), *The Amygdala*: *Neurobiological Aspects of Emotion, Memory and Mental Dysfunction*. New York: Wiley-Liss.

Leech, G. 1983. *Pinciple of Pragamtics*. London and New York: Longman.

Lehmann, D. 1998. Stereotypical Reasoning: Logical Properties. *Logic Journal of the Interest Group in Pure and Applied Logics* 1: 49 – 58.

Lakoff, G. , & Johnson, M. 1980. The Metaphorical Structure of the Human Conceptual System. *Cognitive Science* 4: 195 – 208.

Lakoff, G. , & Johnson, M. 1999. *Philosophy in the Flesh*: *The Embodied Mind and Its Challenge to Western Thought*. Chicago: University of Chicago Press.

Lakoff, George. 1987. *Women, Fire, and Dangerous Things*: *What Categories Reveal about the Mind*. Chicago: University of Chicago Press.

Lakoff, George &. Turner, Mark. 1989. *More than Cool Reason*: *A Field Guide to Poetic Metaphor*. Chicago: University of Chicago Press.

Levinson, S. C. 1987. Pragmatics and the Grammar of Anaphora: A Partial Pragmatic Reduction of Binding and Control Phenomena. *Journal of Linguistics*, 23: 379 – 434.

Levinson, Stephen C. 2000. *Presumptive Meanings*: *The Theory of Generalized Conversational Implicature*. Cambridge: MIT Press.

Levinson, S. C. 2001. *Pragmatics*. Beijing: Foreign Languages Teaching and Researching Press.

Lewis, D. 1983. New Work for a Theory of Universals. *Australasian Journal of Philosophy* 61: 343 – 377.

Lewis, D. 1986. *The Plurality of Worlds*. Oxford: Blackwell.

Lilly, R., Cummings, J. L., Benson, D. F. & Frankel, M. 1983. The Human Kluver-Bucy Syndrome. *Neurology* 33: 1141 – 1145.

Lin, T. Y. 1997. Fuzzy Controllers: An Integrated Approach Based on Fuzzy Logic, Rough Sets, and Evolutionary Computing. In Lin, T. Y. & N. Cercone (eds.) *Rough Sets and Data Mining*. Mass.: Kluwer Academic Publishiers.

Llinás, R. R. & Paré, D. 1991. Of Dreaming and Wakefulness. *Neuroscience* 44: 521 – 535.

MacLean, P. D. 1990. *The Triune Brain in Evolution*. New York: Plenum Press.

MacKay, D. M. 1969. *Information, Mechanism and Meaning*. Cambridge, MA: The MIT Press.

Marr, D. 1982. *Vision*. San Francisco: Freeman.

McLaughlin, B. 1992. The Rise and Fall of British Emergentism. In A. Beckermann, H. Flohr, and J. Kim (eds.), *Emergence or Reduction? Essays on the Prospects of Nonreductive Physicalism*. Berlin: De Gruyter.

McLaughlin, B. 1995. Varieties of Supervenience. In E. Savellos and U. D. Yakrin (eds.), *Supervenience: New Essays*. Cambridge: Cambridge University Press.

McLaughlin, B. and Bennett, K. 2005. Supervenience. In E. N.

Zalta (ed.), T*he Stanford Encyclopedia of Philosophy*. Stanford: Standord University Press.

Medin, D. L., Goldstone, R. L., & Gentner, D. 1993. Respects for similarity. *Psychological Review* 100: 254 –278.

Melnyk, A. 1996. Formulating Physicalism: Two Suggestions. *Synthese* 105: 381 –407.

Melnyk, A. 2003. *A Physicalist Manifesto*. Cambridge: Cambridge University Press.

Melnyk, A. 2006. Realization and the Formulation of Physicalism. *Philosophical Studies* 131: 127 –155.

Mey, Jacob L. 1993. *Pragmatics: An Introduction*. Oxford: Blackwell.

Milner, A. D. & Goodale, M. A. 1995. *The Visual Brain in Action*. Oxford: Oxford University Press.

Moore, G. E. 1922. *Philosophical Studies*. London: Routledge.

Moreland, J. P. 1998. Should a Naturalist be a Supervenient Physicalist?. *Metaphilosophy* 29: 35 –57.

Morris, C. 1938. *Writings on the General Theory of Signs*. Chicago: Chicago University Press.

Moser, P. 1992. Physicalism and Global Supervenience. *The Southern Journal of Philosophy* 30: 71 –82.

Muecke, Douglas Colin. 1969. *The Compass of Irony*. London: Routledge.

Murphy, Nancey &. George Ellis, 1996. *On the Moral Nature of the Universe*. Minneapolis: Fortress.

Nagel, T. 1974. What Is It Like to Be a Bat?. *Philosophical Review* 83: 435 –450.

Nash, M. 1995. Glimpses of the Mind. *Time* 3: 44 –52.

Neale, S. 1992. Paul Grice and the Philosophy of Language. *Linguistics and Philosophy* 15: 509 – 559.

Nielson, J. M. & Jacobs, L. L. 1951. Bilateral Lesions of the Anterior Cingulate Gyri. *Bulletin of the Los Angeles Neurological Society* 16: 231 – 234.

Nietzsche, F. 2000. On Truth and Lie in an Extra-Moral Sense. In Cazeaux, C. (ed.), *The Continental Aesthetics Reader*. London: Routledge.

Papineau, D. 1993. *Philosophical Naturalism*. Oxford: Blackwell.

Paré, D. & Llinás, R. 1995. Conscious and Preconscious Processes as Seen from the Standpoint of Sleep-waking Cycle Neurophysiology. *Neuropsychologia* 33: 1155 – 1168.

Paull, C. and Sider, T. 1992. In Defense of Global Supervenience. *Philosophy and Phenomenological Research* 32: 830 – 845.

Pawlak, Z. 1997. Rough Sets. In Lin, T. Y. & N. Cercone (eds.) *Rough Sets and Data Mining*. Mass.: Kluwer Academic Publishiers.

Penfield, W. P. & Jasper, H. 1954. *Epilepsy and the Functional Anatomy of the Human Brain*. Boston, MA: Little, Brown & Co..

Penfield, W. P. & Perot, P. 1963. The Brain's Record of Auditory and Visual Experience: a Final Summary and Discussion. *Brain* 86: 595 – 696.

Penrose, R. 1994. *Shadows of the Mind*. Oxford: Oxford University Press.

Petrie, B. 1987. Global Supervenience and Reduction. *Philosophy and Phenomenological Research* 48: 119 – 130.

Pettit, P. 1993. A Definition of Physicalism. *Analysis* 53: 213 – 223.

Pexman, M. Penny. 2008. It's Fascinating Research: The Cognition of Verbal Irony. *Current Directions in Psychological Science* 17: 286–290.

Pinker, S. 2005. So How Does the Mind Work?. *Mind and Language* 20: 1–24.

Place, U. T. 1956. Is Consciousness a Brain Process?. *The British Journal of Psychology* 47: 44–50.

Plum, F. & Posner, J. B. 1980. *The Diagnosis of Stupor and Coma*. Philadelphia: F. A. Davis and Co. .

Poland, J. 1994. *Physicalism: The Philosophical Foundations*. Oxford: Oxford University Press.

Posner, M. I. & Raichle, M. E. 1994. *Frames of Mind*. New York: Scientific American Library.

Purpura K. P. & Schiff, N. D. 1997. The Thalamic Intralaminar Nuclei: A Role in Visual Awareness. *The Neuroscientist* 3: 8–15.

Pustejovsky, J. 1995. *The Generative Lexicon*. Cambridge, MA.: MIT Press.

Pustejovsky, James. 2006. Type Theory and Lexical Decomposition. *Journal of Cognitive Science*, 6: 39–76.

Putnam, H. 1973. Meaning and Reference. *The Journal of Philosophy* 70: 699–711.

Putnam, H. 1975. The Meaning of Meaning. In K. Gunderson (ed.), *Language, Mind, and Knowledge, Minnesota Studies in the Philosophy of Science* 7: 131–193.

Quine, W. V. 2000. *Naturalized Epistemology, Perceptual Knowledge and Ontology*. Amsterdam: Rodopi.

Ramachandran, V. S. 1992. Blind Spots. *Scientific American* 266: 85–91.

Ramachandran, V. S. 1993. Filling in Gaps in Logic: Some Comments on Dennett. *Consciousness and Cognition* 2: 165 -168.

Ramachandran, V. S. 1995a. Filling in Gaps in Logic: Reply to Durgin et al. . *Perception* 24: 41 -845.

Ramachandran, V. S. 1995b. Perceptual Correlates of Neural Plasticity. In T. V. Papathomas, C. Chubb, A. Gorea and E. Kowler (eds.), *Early Vision and Beyond*. Cambridge, MA: The MIT Press.

Ramachandran, V. S. 1995c. Anosognosia in Parietal Lobe Syndrome. *Consciousness and Cognition* 4: 22 -51.

Ramachandran, V. & Gregory, R. L. 1991. Perceptual Filling in of Artificially Induced Scotomas in Human Vision. *Nature* 350: 699 -702.

Ramachandran, V. S., Rogers-Ramachandran, D. & Cobb, S. 1995. Touching the Phantom Limb. *Nature* 377: 489 -490.

Ramachandran, V. S. & Rogers-Ramachandran, D. 1996. Synaesthesia in Phantom Limbs Induced with Mirrors. *Proceedings of the Royal Society of London* 263: 377 -386.

Ramachandran, V. S., Altschuler, E. L. & Hillyer, S. 1997. Mirror agnosia. *Proceedings of the Royal Society of London* 264: 645 -647.

Recchia, Holly E., Nina Howe, Hildy S. Ross & Stephanie Alexander. 2010. Children's Understanding and Production of Verbal irony in Family Conversations. *British Journal of Developmental Psychology* 28 (2): 255.

Reiter, Ehud & Robert Dale. 2010. *Building Natural Language Generation Systems*. Beijing: Beijing University Press.

Rescher, N. 1976. *Plausible Reasoning*. The Netherland, Assen: Van Gorcum & Company.

Rickles, D. 2006. Supervenience and Determination. In J. Fieser and B. Dowden (eds.) *Internet Encyclopedia of Philosophy*. Alberta: University of Calgary.

Ricoeur, P. 1975. *La métaphore vive*. Paris:? ditions du Seuil.

Ricoeur, P. 1977. *The Rule of Metaphor: Multi-Disciplinary Studies in the Creation of Meaning in Language*. Toronto: University of Toronto Press.

Sarangi, S. K. &. S. Slembrouck. 1992. Non-cooperation in communication. *Journal of Pragmatics* 17: 117 – 154.

Schenk, L. & Bear, D. 1981. Multiple Personality and Related Dissociative Phenomena in Patients with Temporal Lobe Epilepsy. *American Journal of Psychiatry* 138: 1311 – 1316.

Searle, John R. 1980. Minds, Brains, and Programs. *Behavioral and Brain Sciences* 3: 417 – 458.

Searle, J. R. 1983. *Intentionality: An Essay in the Philosophy of Mind*. Cambridge: Cambridge University Press.

Searle, John R. 1992. *The Rediscovery of the Mind*. Cambridge, MA: The MIT Press.

Searle, J. R. 2004. *Mind: A Brief Introduction*. New York: Oxford University Press.

Shoemaker, S. 1980. Causality and Properties. In P. van Inwagen (ed.), *Time and Cause*. Dordrecht: D. Reidel, 109 – 135.

Shoemaker, S. 1998. Causal and Metaphysical Necessity. *Pacific Philosophical Quarterly* 79: 59 – 77.

Shrader, W. 2008. On the Relevance of Supervenience Theses to Physicalism. *Acta Analytica* 23: 257 – 271.

Smart, J. J. C. 1959. Sensation and Brain Processes. *The Philosophical Review* 68: 141 – 156.

Sperber, Dan and Wilson, Deirdre. 1995. *Relevance: Communication and Cognition*. Oxford: Blackwell.

Sperber, D. & D. Wilson. 1998. Irony and Relevance: A Reply to

Seto, Hamamo and Yamanashi. In R. Carston & S. Uchida (eds.), *Relevance Theory: Applications and Implications*. Amsterdam: John Benjamins, 283 – 293.

Sperber, Dan and Wilson, Deirdre. 2001. *Relevance: Communication and Cognition*. Beijing: Foreign Language Teaching and Research Press.

Stalnaker, R. 1996. Varieties of Supervenience. *Philosophical Perspectives* 10: 221 – 241.

Stanley, Jason &. Zolt? an Gendler Szab? o. 2000. On Quanti? er Domain Restriction. *Mind and Language*, 15: 219 – 261.

Stellardi, G. 2000. *Heidegger and Derrida on Philosophy and Metaphor*. New York: Humanity Books.

Steward, H. 1996. Papineau's Physicalism. *Philosophy and Phenomenological Research* 56: 667 – 672.

Strauss, E., Risser, A. & Jones, M. W. 1982. Fear Responses in Patients with Epilepsy. *Archives of Neurology* 39: 626 – 630.

Sutherland, N. S. 1989. *The International Dictionary of Psychology*. New York: Continuum.

Talmy, L. 1988. Relation of Grammar to Cognition. In B. Rudzka-Ostyn (ed.), *Topics in Cognitive Linguistics*. Amsterdam: John Benjamins.

Tovee, M. J., Rolls, E. T. & Ramachandran, V. S. 1996. Rapid Visual Learning in Neurones of the Primate Temporal Visual Cortex. *Neuroreport* 7: 2757 – 2760.

Trimble, M. R. 1992. The Gastaut-Geschwind Syndrome. In M. R. Trimble and T. G. Bolwig (ed.). *The Temporal Lobes and the Limbic System*. Petersfield: Wrightson Biomedical Publishing Ltd.

Tulving, E. 1983. *Elements of Episodic Memory*. Oxford: Clarendon Press.

Van Cleve, J. 1990. Mind-Dust or Magic?: Panpsychism versus Emergence. *Philosophical Perspectives* 4: 215-226.

Van Essen, D. C. 1979. Visual areas of the Mammalian Cerebral Cortex. *Annual Reviews of Neuroscience* 2: 227-263.

Van Gulick, R. 1995. What Would Count as Explaining Consciousness?. In T. Metzinger (ed.), *Conscious Experience*. Paderborn: Ferdinand Sch? ningh.

Waxman, S. G. & Geschwind, N. 1975. The Interictal Behavior Syndrome of Temporal Lobe Epilepsy. *Archives of General Psychiatry* 32: 1580-1586.

Wayne C. Booth. 1974. *A Rhetoric of Irony*. Chicago and London: The University of Chicago Press.

Wilson, J. 2005. Supervenience-based Formulations of Physicalism. *Nous* 39: 426-459.

Witmer, D. G. 1999. Supervenience Physicalism and the Problem of Extras. *The Southern Journal of Philosophy* 37: 315-331.

Yoshimi, J. 2007. Supervenience, Determination, and Dependence. Pacific *Philosophical Quarterly* 88: 114-133.

Zeki, S. M. 1978. Functional Specialisation in the Visual Cortex of the Rhesus Monkey. *Nature* 274: 423-428.

Zeki, S. M. 1993. *A Vision of the Brain*. Oxford: Oxford University Press.

布斯曼:《语言与语言学辞典》,外语教学与研究出版社 2000 年版。

蔡曙山:《20 世纪语言哲学和心智哲学的发展走向——以塞尔为例》,2008 年第 1 期。

蔡曙山:《当代心智哲学的自我理论探析》,《哲学动态》2009 年第 9 期。

蔡曙山：《人类心智探秘的哲学之路——试论从语言哲学到心智哲学的发展》，《晋阳学刊》2010年第3期。

段开成：《舍尔的意向性理论》，《西安外国语学院学报》2004年第3期。

冯光武：《Grice的意义理论——老话题 新解读》，《外语学刊》2007年第6期。

冯光武：《理性才是主旋律——论Grice意义理论背后的哲学关怀》，《外语学刊》2006年第4期。

高新民：《随附性：当代西方心灵哲学的新"范式"》，《华中师范大学学报》（人文社会科学版）1998年第3期。

高新民、储昭华主编：《心灵哲学》，商务印书馆2008年版。

顾曰国：《John Searle的言语行为理论与心智哲学》，《国外语言学》1994年第2期。

郭贵春、贺天平：《科学隐喻："超逻辑形式"的科学凝集——论科学隐喻的基本原则和表现形态》，《哲学研究》2005年第7期。

何自然、冉永平：《语用学概论》（修订本），湖南教育出版社2002年版。

黄华新、《缺省推理：认知语境的功能实现》，《信阳师院学报》2004年第2期。

黄缅：《相邻关系——汉语反语的认知语用研究》，中国社会科学出版社2009年版。

姜孟：《Frege与语用学四大奠基理论——语用学的语言分析哲学渊源探究》，《西安外国语学院学报》2005年第2期。

姜望琪：《语用学：理论及应用》，北京大学出版社2000年版。

卡尔·贝克森、阿图尔·甘茨：《文学术语词典》，努恩戴出版社1989年版。

李恒威、王小潞、唐孝威：《表征、感受性和言语思维》，《浙江大学学报》2008 年第 5 期。

刘高岑：《当代心智哲学的演变和发展趋向》，《河南大学学报》（社会科学版）2006 年第 1 期。

刘高岑：《当代心智哲学的自我理论探析》，《哲学动态》2009 年第 9 期。

刘晓力：《交互隐喻与涉身哲学》，《哲学研究》2005 年第 10 期。

吕书湘、丁声树：《现代汉语词典》，商务印书馆 2012 年第 6 版。

梅洛-庞蒂：《行为的结构》，杨大春、张尧均译，商务印书馆 2005 年版。

牛保义：《会话含意理论研究回顾与展望》，《外语研究》2002 年第 1 期。

启功：《汉语诗歌的构成和发展》，《文学遗产》2000 年第 1 期。

邱慧丽：《当代心智哲学研究的 12 个问题及其他》，《哲学动态》2006 年第 1 期。

沈家煊：《我国语用学研究》，载许嘉璐等主编《中国语言学现状与展望》，外语教学与研究出版社 1996 年版。

孙晓霞、程晓光：《心智哲学的演化和语言研究的取向》，《外语教学》2012 年第 1 期。

索振羽：《语用学教程》，北京大学出版社 2000 年版。

王逢振：《今日西方文学批评理论》，漓江出版社 1988 年版。

王姝彦：《"可表达"与"可交流"——解读"感受质"问题的一种可能路径》，《哲学研究》2010 年第 10 期。

维果茨基：《思维与语言》，浙江教育出版社 1997 年版。

文旭：《反讽话语的认知语用研究》，中国社会科学出版社 2004 年版。

徐国珍：《仿拟行为的认知结构及认知过程》，《语言研究》2006年第1期。

徐盛桓：《Grice会话含义理解和语用推理》，《外国语》1993年1期。

徐盛桓：《论意向含意》，《外语研究》1994年第1期。

徐盛桓：《合情与含意推理》，外语教学与研究出版社2005年第3期。

徐盛桓：《常规推理与Grice循环的消解》，外语教学与研究出版社2006年第3期。

徐盛桓：《心智哲学与认知语言学创新》，《北京科技大学学报》（社会科学版）2010年第2期。

徐盛桓：《心智哲学与语言研究》，《语言学》（人民大学复印资料）2011年第2期。

徐盛桓：《从心智到语言——心智哲学与语言研究的方法论问题》，《当代外语研究》2012年第4期。

徐盛桓：《语用推理的认知研究》，《中国外语》2005年第5期。

徐盛桓：《论常规关系》，《外国语》1993年第6期。

徐盛桓：《选择、重构、阐发、应用》，《现代外语》1995年第2期。

徐盛桓：《论荷恩的等级关系》，《外国语》1995年第1期。

徐盛桓：《许老教我写论文》，载王克非编《许国璋先生纪念文集》，外语教学与研究出版社1996年版。

徐盛桓：《常规关系与认知化》，《外国语》2002年第1期。

徐盛桓：《常规关系与语句解读研究》，《现代外语》2003年第2期。

徐盛桓：《常规关系与句式结构研究》，《外国语》2003年第2期。

徐盛桓：《成语的生成》，《暨南大学华文学院学报》2004年第 2 期。

徐盛桓：《句法研究的认知语言学视野》，《外语与外语教学》2005 年第 4 期。

徐盛桓：《语用推理的认知研究》，《中国外语》2005 年第 5 期。

徐盛桓：《"成都小吃团"的认知解读》，《外国语》2006 年第 2 期。

徐盛桓：《相邻和补足——成语形成的认知研究之一》，《四川外语学院学报》2006 年第 2 期。

徐盛桓：《成语的生成》，《暨南大学华文学院学报》2004 年第 2 期。

徐耀民：《成语的划界、定型和释义问题》，《中国语文》1997 年第 1 期。

殷杰：《美国哲学传统中的语用思维》，《科学技术与辩证法》2004 年第 4 期。

曾衍桃：《反讽论》，中国社会科学出版社 2006 年版。

张媛：《西方哲学的认知转向历程——塞尔理论述评》，《东岳论丛》2012 年第 2 期。

郑毓信：《心智哲学：一个古老而又充满新兴活力的研究课题》，《科学技术与辩证法》1996 年第 3 期。

周礼全：《逻辑——正确思维和有效交际的理论》，人民出版社 1994 年版。

周统权、徐晶晶：《心智哲学的神经、心理学基础：以心智理论研究为例》，《外语教学》2012 年第 1 期。

朱琳：《心智哲学、体验哲学和语言本质》，《绵阳师范学院学报》2011 年第 7 期。

庄锡昌等主编：《觅母：新的复制基因，多维视野中的文化理论》，浙江人民出版社 1987 年版。

后　记

　　本书是我在广东外语外贸大学读博期间就开始策划和构思的。在读博期间，本书的一些章节就以论文的形式公开发表。本书是在我从事博士后工作期间进一步完善而成。我要感谢我的博士后导师牛保义教授的亲切关怀和悉心指导。他严肃的科学态度、严谨的治学精神、精益求精的工作作风，深深地感染和激励着我。我还要感谢为我的研究提供支持和帮助的河南大学外国语言文学博士后流动站和重庆工商大学，正是由于你们的帮助和支持，我才能克服一个又一个困难，直至本书顺利完成。

　　在写作过程中，我还得到了我的博导徐盛桓教授的关怀和指导及许多好友的关心和鼓励。感谢我的家人，正是因为您们的支持和鼓励，我才能一直坚持在学术的道路上跋涉。从开始进入课题到论文的顺利完成，有多少可敬的师长、同学、朋友给了我无言的帮助，在这里请接受我诚挚的谢意！

黄　缅
二○一三年四月于重庆